Ed Shaw

Vertrautheit wagen!

www.fontis-verlag.com

Ed Shaw

Vertrautheit wagen!

Gemeindebau hautnah.

Und wie die Kirche sexuelle Vielfalt biblisch integrieren kann.

fontis

Bibliografische Information der Deutschen Nationalbibliothek
Die Deutsche Nationalbibliothek verzeichnet diese Publikation in der Deutschen Nationalbibliografie; detaillierte bibliografische Daten sind im Internet über www.dnb.de abrufbar.

Die Bibelstellen wurden
folgenden Übersetzungen entnommen:

Übersetzer: Rainer Behrens, Kreuzlingen

Umschlag: Spoon Design, Olaf Johannson, Langgöns
Umschlagbild: Curly Pat / shutterstock.com
Foto des Autors: © by Ed Shaw
Satz: InnoSet AG, Justin Messmer, Basel
Druck: Finidr
Gedruckt in der Tschechischen Republik

ISBN 978-3-03848-148-5

Inhalt

Vorwort zur deutschen Ausgabe 7

Zum Einstieg.. 9

Kapitel 1: Das Plausibilitätsproblem.............................. 13

Kapitel 2: Das Plausibilitätsproblem und ich 27

Kapitel 3: Die erste Fehlannahme:
«Deine Identität ist deine Sexualität» 39

Kapitel 4: Die zweite Fehlannahme:
«Eine Familie ist Mutter, Vater und zwei Komma vier Kinder» 53

Kapitel 5: Die dritte Fehlannahme:
«Wenn du schwul geboren wurdest, kann es nicht falsch sein, schwul zu sein»... 67

Kapitel 6: Die vierte Fehlannahme:
«Wenn es dich glücklich macht, muss es richtig sein» 81

Kapitel 7: Die fünfte Fehlannahme:
«Echte Intimität findet man nur im Sex» 95

Kapitel 8: Die sechste Fehlannahme:
«Männer und Frauen sind gleich und austauschbar» .. 107

Kapitel 9: Die siebte Fehlannahme:
«Gottgefälligkeit ist Heterosexualität» 129

Kapitel 10: Die achte Fehlannahme:
«Der Zölibat tut dir nicht gut – und muss vermieden werden!» 145

Kapitel 11: Die neunte Fehlannahme:
«Leiden sind weiträumig zu umgehen – es geht nur um Glück!» 159

Kapitel 12: Fazit:
Eine Plausibilitätsstruktur wird erkennbar 179

Empfohlene Literatur 187

Anmerkungen 188

Vorwort zur deutschen Ausgabe

Wie lebt ein Christ, der ledig ist? Und darf er homoerotische Gefühle haben, die er dann auch noch *nicht* auslebt?

Ed Shaw ist Pastor und tut genau das. Was ihn auf den ersten Blick als frommen Sonderling erscheinen lässt, schlägt in Wahrheit die Schneise zu einer Revolution in der christlichen Gemeinde: Mehr Intimität wagen.

Ed Shaw zeigt, wie Intimität zum Ferment einer Kirche werden kann, in der Menschen ein Zuhause finden können bei Gott, bei sich selbst und beieinander. Dabei sind Intimität und Keuschheit Schlüsselworte, die nicht gegeneinander, sondern beieinander stehen, und die einen Raum öffnen, in dem heilende Beziehungen gelebt werden können.

Dieses Buch hat das Zeug, gängige Vorstellungen christlicher Gemeinden über ein geheiligtes Leben umzupflügen. Dabei formuliert der Autor Fragen und Gedanken, die den liberalen wie auch den evangelikalen Gemeinden gleichzeitig den Atem stocken lassen: Was, wenn wir unsere erste Aufmerksamkeit nicht unseren Gefühlen, unserem Glück oder unserer Tradition zukommen lassen, sondern dem lebendigen Gott?

Theologisch klug und biografisch authentisch führt das Buch seine Leser in eine heilige Unruhe. Und zur Sehnsucht, mehr Intimität zu wagen und die «distanzierte Freundlichkeit in den Gemeinden» aufzubrechen. Eine ganz neue Sichtweise, die verblüfft.

Dr. Dominik Klenk, CEO Fontis-Verlag

Zum Einstieg

Dieses Buch dreht sich vordergründig um das Thema Homosexualität. Der Titel und die Lebensrealität des Autors weisen jedoch bereits darauf hin, dass das Thema aus einer speziellen Perspektive betrachtet wird: aus der Perspektive eines homosexuell empfindenden Pastors, der sexuell enthaltsam lebt. Ed Shaw ist der Meinung, dass sein zölibatärer Lebensstil heute weithin auf Unverständnis stößt, weil unsere Gesellschaft insgesamt – und zunehmend auch Christen jeglicher Couleur – den Verzicht auf ausgelebte homosexuelle Beziehungen nicht mehr für plausibel halten.

Das ist jedoch nicht das Einzige, was an diesem Buch speziell ist. Die zweite Spezialität besteht in dem, was Ed Shaw für sich als homosexuell empfindender Mensch als die größte Hilfe für einen zölibatären Lebensstil ansieht: nämlich eine christliche Gemeinde, die in so starken familiären Strukturen lebt, dass ihm sein zölibatäres Leben dadurch viel leichter fällt.

Er hat u. a. zwölf Patenkinder in seinem Freundeskreis und pflegt so viele Freundschaften und ganz persönliche Begegnungen zu den Menschen und Familien in seiner Gemeinde, dass er zu dem Schluss kommt: Das Fehlen dieser Art von echter familiärer christlicher Gemeinde ist eines der Haupthindernisse, dass sich nicht mehr Menschen mit homosexueller Orientierung für einen zölibatären Lebensstil entscheiden.

Als Pastoren haben wir beide bereits über das Thema Homosexualität gepredigt. Pauls Predigt ist zu finden unter: https://livestream.com/Chrischona-Frauenfeld/GD/videos/108957222. Rainers Predigt findet sich hier: https://chrischonakreuzlingen.ch/wpcontent/uploads/2017/04/RBHomosexualitaet.pdf.

Als Ergänzung seiner Predigt hat Rainer ein Kapitel aus dem Buch von Richard B. Hays übersetzt. In *The Moral Vision of the New Testament* hat Hays in Kapitel 16 eine hervorragende biblisch-theologische Reflexion zum Thema Homosexualität vorgelegt. Die Übersetzung findet sich unter: https://chrischona-kreuzlingen.ch/wp-content/uploads/2016/10/MV16.pdf.[1]

Das Buch von Ed Shaw scheint uns eine gute Ergänzung zu vielen Predigten und anderen theologischen Abhandlungen zu sein, in denen die konkreten Fragen des Lebens als homosexuell empfindender Mensch oft und gerne ausgespart werden. Ed Shaw liefert mit seinem ganzen Leben nicht nur eine theoretische Argumentation, sondern eben eine real gelebte Alternative, die in unserer Gesellschaft immer seltener zu werden scheint. Diese Alternative ist sicher für gewisse Leute «anstößig» oder zumindest sehr herausfordernd, aber gerade deshalb ist sie es wert, sich mit ihr auseinanderzusetzen.

Der eigentliche Grund, warum wir dieses Buch veröffentlicht sehen wollten, hat aber – Überraschung! – gar nichts mit dem Thema Homosexualität zu tun. Der eigentliche Grund liegt darin, dass Shaw seinen Lebensstil als Ausdruck einer ganz hart errungenen Kreuzes-Nachfolge auffasst.

Mit anderen Worten: *Es geht eigentlich um das Thema, inwiefern wir alle bereit sind, als Nachfolger Jesu an denjenigen Punkten Leiden, Mühen und Nöte auf uns zu nehmen, an denen wir in Lebensumständen stecken, die eben nicht ideal sind.* Vielleicht bin ich in meiner Ehe alles andere als glücklich. Vielleicht bleibt eine Krankheit trotz allen Betens und trotz meiner Nachfolge wider alle Hoffnung in meinem Leben präsent. Vielleicht bleibe ich in meiner Verwandtschaft die einzige an Christus gläubige Person und werde als Outsider wahrgenommen.

In all diesen Situationen stellt sich mir dieselbe Grundfrage, die Ed Shaw sich stellt: *Was heißt es, in der Kreuzes-Nachfolge von Jesus Christus zu leben?* Das Lesen dieses Buches ist also anspruchsvoll auf mindestens zwei Ebenen:

Es verlangt, einmal einem homosexuell empfindenden Christen zuzuhören, der sich für einen zölibatären Lebensstil entschieden hat, welchen viele heute nicht mehr als plausibel empfinden. Shaw erregt Anstoß, weil er deutlich gegen den kulturellen Mainstream lebt.

Das Lesen dieses Buches verlangt aber auch, sich vom Thema Homosexualität völlig zu lösen und sich zu fragen: Welches sind Umstände oder Prägungen in meinem eigenen Leben, in denen für mich das Jesus-Wort höchst relevant sein sollte: «Will mir jemand nachfolgen, der verleugne sich selbst und nehme sein Kreuz auf sich und folge mir nach» (Markus 8,34)? Das

Buch macht also an einem einzigen Thema etwas ganz konkret im Leben deutlich, das Michael Gorman und andere Autoren *cruciformity* nennen, also ein Leben, in dem die Gestalt des Kreuzes sichtbar wird, ein Leben in echter Kreuzes-Nachfolge.[2]

Vielen wird das Buch von Ed Shaw bzw. sein ganzer Lebensstil ziemlich krass vorkommen. Denn trotz aller schönen Erfahrungen in seiner familiären Gemeinde bringt Shaws Leben eben auch Leiden in der Nachfolge des Gekreuzigten und Auferstandenen mit sich. Da wir beide ebenfalls noch meilenweit von einem vertieften Leben in der Kreuzes-Nachfolge entfernt und uns zutiefst bewusst sind, wie stark auch wir von der allgemeinen Wohlstandsgesellschaft mit ihren zahlreichen Glücksversprechen im Konsum etc. geprägt sind, ist das Buch auch für unser Leben eine ziemliche Herausforderung. Wir haben es in der Hoffnung zur Veröffentlichung empfohlen, es möge durchaus Anstoß erregen – den Anstoß, über die Sache der Kreuzes-Nachfolge vertieft nachzudenken und im Ringen um diese Sache die Stimme Gottes für unser Leben zu hören.

Paul Bruderer und Rainer Behrens

Kapitel 1
Das Plausibilitätsproblem

Peter

Ich möchte dir den 17-jährigen Peter vorstellen. Er ist mit Begeisterung Christ und mit Enthusiasmus bei der Jugendgruppe seiner Gemeinde dabei. Er ist der älteste Sohn eines Diakons und koordiniert die Kids-Church. Er spielt E-Gitarre in der Lobpreisband, leitet eine christliche Gruppe an seiner Schule, zeigt gute schulische Leistungen und ist in der Region als ehrgeiziger Schwimmer bekannt, der zunehmend gute Erfolgsaussichten hat. Er ist ein christlicher junger Mann mit hoher Einsatzbereitschaft, der die Leute überzeugt, dass die Kirche vielleicht doch noch eine Zukunft hat.

Doch seit dem Beginn seiner Pubertät fühlt sich Peter zu anderen Männern hingezogen. Er hoffte, es sei nur eine Phase, doch die Anziehung ist geblieben – trotz seiner Gebete und trotz größter Anstrengungen, auf Mädchen zu stehen. Er ist zu einem Experten darin geworden, Heterosexualität vorzutäuschen. In der Jugendgruppe ringt er allerdings darum, die Aufmerksamkeit einiger Mädchen von sich abzulenken und gleichzeitig nicht zu viel eigene Aufmerksamkeit auf andere junge Männer zu richten.

Die Jugendgruppe ist stolz darauf, gut in der Bibel unterrichtet zu werden. Ihre Leiter nehmen also ihre Verantwortung sehr ernst, insbesondere wenn es darum geht, die traditionelle kirchliche Lehre zu Sex und Beziehungen zu erläutern. Man hat Peter wiederholt gesagt, dass Sex in die Ehe eines Mannes mit einer Frau gehört.

Bis dahin muss er der Versuchung widerstehen, sexuell aktiv zu sein, sowohl in Gedanken als auch ganz praktisch. So hat man ihm beispielsweise gesagt, was er machen soll, wenn er sich von einer Frau sexuell angezogen fühlt. Dass es nicht falsch ist, Schönheit wahrzunehmen, dass der zweite Blick und als Nächstes das mentale Entkleiden aber gefährlich sein können.

Sein Problem ist jedoch, dass Männer eine Anziehungskraft auf ihn ausüben. Daher hat er das Gefühl, dass schon der erste Blick oder die erste Anziehung falsch ist. Er ist von der Schuld gelähmt, welche durch die Gefühle hervorgerufen wird, wenn er dem jungen Mann, auf den er steht, bei einer Jugendfreizeit im Schlafsaal beim Ausziehen zusieht. Denn das Einzige, was er über Homosexualität gehört hat, ist, dass sie falsch ist – eine verbotene Zone für einen begeisterten Christen wie ihn.

Sein Wunsch nach Sex ist allerdings riesig. Er wächst in einer Kultur auf, die so stark sexualisiert ist wie keine andere seit vorchristlichen Zeiten. Das ganze Teenagerleben dreht sich um Sex – jedenfalls wenn man den Zeitschriften glaubt, die er liest; den Fernsehshows, die er guckt; den Gesprächen, die in der Umkleidekabine geführt werden. Beim Thema Sex zeigt sich, ob man erwachsen geworden ist. Sex macht dich zum echten Kerl.

Sogar in seiner Jugendgruppe wird das Thema so hochgepusht, als sei es die wunderbarste, das Leben komplett verändernde Erfahrung.

Vor kurzem wurde ein junges Ehepaar auf der Bühne interviewt. Sie erzählten, wie dankbar sie seien, dass sie mit dem Sex bis zur Ehe gewartet hätten. Im Anschluss sprach der Ehemann in einer Runde nur mit den männlichen Zuhörern. Er sagte, dass Sex die beste Erfahrung sei, die er je hatte – Gott sei so gut, dass er so etwas Genussvolles geschaffen habe. Auch für sie würde es so toll sein – wenn sie den Sex für die Ehe aufsparten.

Peter wird von alldem allerdings nichts erleben, wenn er sich an das hält, was ihm gesagt wird, wenn er also im Licht der Lehre der Bibel lebt. Und das scheint für den 17-jährigen Peter (gelinde gesagt) unsinnig zu sein. Sex ist überall. Sein Verlangen danach ist überwältigend. Und seine Kirche sagt Nein dazu – für immer.

Gleichzeitig sagen ihm die Zeitschriften und Fernsehshows – wenn auch noch nicht die Gespräche im Umkleideraum –, dass er tun soll, was seine Gefühle ihm sagen. In seiner Lieblingsserie im Fernsehen spielt ein Schwuler mit, auf den er einerseits steht. Andererseits würde er gerne sein wie dieser Mann – sich seiner Sexualität überhaupt nicht schämen und eine Menge Sex haben.

Einige heimliche Suchanfragen bei Google haben ergeben, dass es Christen gibt, die denken, dass dauerhafte, stabile und treue schwule Beziehungen in Gottes Augen richtig sind. Vielleicht könnte er letztlich doch noch den Sex bekommen, den er will, und trotzdem ein Christ bleiben. Er ist scharf auf beides.

Jane

Jetzt möchte ich dir Jane vorstellen. Sie ist Ende dreißig. Sie hat eine Reihe von katastrophalen Beziehungen zu Männern hinter sich – unter anderem eine kurze Ehe, die nach seinem Ehebruch zu Ende ging. Kurz danach wurde sie Christin und hat sich voll in das Gemeindeleben gestürzt. Sie macht beim Kaffeedienst mit, im Begrüßungsteam und koordiniert die Suppenküche der Kirche für die Obdachlosen. Im Weihnachtsgottesdienst des vergangenen Jahres hat sie ihr Zeugnis als Frau gegeben, deren Leben von Jesus völlig umgekrempelt wurde. Sie gehört zu den wenigen Erfolgsgeschichten, welche ihre Kirche in letzter Zeit erlebt hat.

Neben ihrer Gemeindefamilie war in den letzten Jahren allerdings auch eine enge Freundschaft zu einer nichtchristlichen Arbeitskollegin eine ihrer Hauptstützen. Zu Janes großer Überraschung hat sich diese Beziehung kürzlich in eine sexuelle entwickelt. Alle haben mitbekommen, dass sie viel glücklicher geworden ist – ihre Kleingruppe preist Gott, dass er ihre Gebete für sie erhört hat (die Gruppe weiß jedoch nichts von der Ursache ihres Glücks).

Janes Gemeinde ist gegenüber der in der Gesellschaft kürzlich erfolgten Einführung der «Ehe für Homosexuelle» klar in Opposition getreten. Die Petition «Koalition für die Ehe» wurde weit verbreitet. Jane war nicht klar, dass gleichgeschlechtliche sexuelle Beziehungen schon früher falsch waren. Also ging sie recht bald zum Pastor und fragte um Rat – für eine «christliche Freundin», die vor Kurzem eine sexuelle Beziehung zu ihrer gleichgeschlechtlichen Kollegin angefangen habe.

Der Pastor sagte klar und deutlich, dass ein Ruf zur Umkehr nötig sei – und dass sie sich von ihrer christlichen Freundin trennen müsse, wenn diese ihr Verhalten nicht bald ändere.

Jane ist am Boden zerstört. Ihr größter Wunsch im Leben ist es, mit einem Menschen zusammenzuleben, den sie liebt und von dem sie geliebt wird.

Als sie das Haus des Pastors verlässt, sieht sie seine Frau mit ihren kleinen Kindern in der Küche Kuchen backen. Sie sehnt sich danach, so ein Familienleben zu haben. Sie hatte immer Kinder gewollt, und sie liebte es so sehr, eine Rolle im Leben der Kinder ihrer Freundin zu spielen, die diese aus einer früheren Beziehung hat. Was sie sich so oft erträumt hatte, war endlich in Erfüllung gegangen.

Doch wenn sie tut, was ihr gesagt wurde, wird sie die Verbindung zu ihrer Freundin am nächsten Tag beenden. Das wäre das Ende der besten Beziehung zu einem Menschen, die sie je hatte. Und genau das scheint völlig unsinnig zu sein. Es scheint so unsinnig, dass ihr Pastor ihr das verwehren sollte, was er selbst hat. Es scheint so unsinnig, dass ausgerechnet er sagt, etwas sei falsch, das sich so richtig anfühlt.

Sie weiß, was ihre Freundin sagen wird. Sie hat Janes «religiöse Seite» sehr respektiert, wird ihr nun aber sagen, sie solle ignorieren, was der Pastor sagt. Und hinter ihrem Einspruch wird kraftvoll alles stehen, was sie zu bieten hat: ein gemeinsames Zuhause, ein Familienleben, ein Ende der Einsamkeit, die physische Zuneigung, die Jane so sehr braucht.

Ohne ihre Freundin wird Jane wieder in ihrer Einzimmer-Wohnung sein. Zurück zu unregelmäßigen und schmerzhaften

Besuchen bei Familien zum Mittagessen an manchen Sonntagen; zurück im Leben als Single; zurück zur Freude auf die Umarmung nach dem Friedensgruß im Gottesdienst, weil das die einzige physische Berührung ist, die sie dort je erlebt.

Unsere Reaktion

Die Peters und Janes in unseren Gemeinden sind die Ursache, dass viele Christen ihre Zuversicht in die Lehre der Bibel zu Sex und Ehe verlieren. Konkrete Menschen wie Peter und Jane führen eine zunehmende Zahl von Christen in die Versuchung, in Sachen Homosexualität «liberal» zu werden. Vielleicht gehörst du dazu. Wie kannst du Peter in die Augen sehen und ihm für immer Sex verwehren? Wie können wir von Jane verlangen, der einzigen menschlichen Beziehung, die ihr Freude bereitet hat, den Rücken zu kehren? Es wird für beide schlicht nicht plausibel sein. Und auch für uns selbst hört sich das nicht sehr sinnvoll an.

Bei dem, was sie durchmachen, ist weder ihnen noch uns die christliche Standardreaktion eine große Hilfe. Wir haben im Grunde den Slogan des Antidrogensongs aus den 1980er Jahren übernommen: «Sag einfach Nein!» Das ist oft alles, was wir zu sagen haben – verschärft durch die Auflistung einiger Bibeltexte als Beweise, falls jemand Einspruch erhebt:

> Ein Mann darf nicht mit einem anderen Mann schlafen, denn das verabscheue ich.
>
> *3. Mose 18,22; Hfa*

Wenn ein Mann mit einem anderen Mann schläft, ist dies eine abscheuliche Tat. Beide sollen mit dem Tod bestraft werden, ihre Schuld fällt auf sie zurück.

3. Mose 20,13; Hfa

Weil die Menschen Gottes Wahrheit mit Füßen traten, gab Gott sie ihren Leidenschaften preis, durch die sie sich selbst entehren: Die Frauen haben die natürliche Sexualität aufgegeben und gehen gleichgeschlechtliche Beziehungen ein. Ebenso haben die Männer die natürliche Beziehung zur Frau mit einer unnatürlichen vertauscht: Männer treiben es mit Männern, ohne sich dafür zu schämen, und lassen ihrer Lust freien Lauf. So erfahren sie die gerechte Strafe für ihren Götzendienst am eigenen Leib.

Römer 1,26–27; Hfa

Ist euch denn nicht klar, dass für Menschen, die Unrecht tun, in Gottes Reich kein Platz sein wird? Täuscht euch nicht: Wer sexuell unmoralisch lebt, Götzen anbetet, die Ehe bricht, wer sich von seinen Begierden treiben lässt und homosexuell verkehrt, wird nicht in Gottes Reich kommen; auch kein Dieb, kein Habgieriger, kein Trinker, kein Verleumder oder Räuber.

1. Korinther 6,9–10; Hfa

Aber für wen ist denn das Gesetz bestimmt? Doch nicht für Menschen, die nach Gottes Willen leben, sondern für solche, die gegen das Recht verstoßen und sich gegen Gott

> und seine Gebote auflehnen: Es gilt für Menschen, die von Gott nichts wissen wollen und Schuld auf sich laden, für Niederträchtige und Gewissenlose, für Leute, die ihren Vater und ihre Mutter oder einen anderen Menschen töten, sexuell unmoralisch leben, homosexuell verkehren, für Menschenhändler, für solche, die lügen und Meineide schwören oder in irgendeiner anderen Weise gegen die unverfälschte Lehre unseres Glaubens verstoßen. So lehrt es die rettende Botschaft, die der vollkommene Gott mir anvertraut hat und die seine Herrlichkeit zeigt.
>
> *1. Timotheus 1,9–11; Hfa*

Das mag früher überzeugt haben. Es war für die meisten eine plausible Argumentation. Ein Christ zu sein hat immer bedeutet, an der Wahrheit der «göttlichen Inspiration der Heiligen Schrift, wie sie ursprünglich gegeben worden ist, und an ihrer höchsten Autorität in allen Fragen des Glaubens und Lebens» festzuhalten.[3] Wenn es um homosexuelle Praxis geht, sind jene Schriften ziemlich klar. Christen mögen Klarheit, und die oben genannten Verse waren für viele Menschen über Jahre hinweg mehr als klar.

Das ist allerdings nicht mehr der Fall. Die Lage hat sich geändert. Auch wenn ältere Generationen von Christen der traditionellen Lehre der Kirche verpflichtet bleiben mögen, so wenden sich doch jüngere Generationen in Scharen von dieser Lehre ab. Ich habe mit zahllosen 40- bis 60-jährigen Pastoren gesprochen, die an dem festhalten, was die Kirche immer gelehrt hat – doch fast alle haben gesagt, ihre Kinder würden in dieser Sache nicht an den Punkt gelangen, von dem sie herkommen.

Vielleicht gehörst du selbst zu dieser jüngeren Generation. Eine Generation, die ihre Einstellung zur Homosexualität heute nicht deshalb ändert, weil sie plötzlich ihre Meinung zum kulturellen Kontext des 3. Buches Mose korrigiert hätte – oder zur Bedeutung des Wortes «unnatürlich» in Römer 1 oder zur Art der homosexuellen Praxis in Korinth oder zur Übersetzung der griechischen Wörter im 1. Timotheusbrief. Sie ändert ihre Einstellung, weil ihnen das, was diese Texte fordern, einfach nicht mehr plausibel erscheint. Nicht die Theologie, sondern Menschen scheinen die Antriebskraft hinter der Ablehnung der traditionellen christlichen Ethik zu sein. Es sind Peter und Jane – und andere wie sie –, nicht hebräische und griechische Wörter.

Es mag wohl sein, dass viele von uns diese veränderte Lage nicht mögen – aber sie ist die Wirklichkeit, der wir begegnen. Hör dich um, und du wirst oft auf diese Wirklichkeit stoßen. Ich höre jedenfalls ständig von Christen, die sich von Menschen gleichen Geschlechts angezogen fühlen und die denken: *Was die Bibel fordert, ist in der heutigen Welt einfach nicht machbar.* Erst nachdem sie zu diesem Schluss gekommen sind, finden sie die Bücher, Predigten und Theologen, die ihnen erlauben, das abzulehnen, was die Bibel lehrt.

Ihre Freunde, Familien und Gemeinden neigen dazu, kurz danach denselben Pfad zu betreten – einfach aus Liebe für die Betroffenen und aus Sorge um sie. Die eigentlichen Dinge haben sich in den letzten Jahren im Bereich der praktischen

Plausibilität geändert, nicht im Bereich der Bibelexegese. Das ist der Grund, warum sich die Lage so schnell verändert – ob uns das gefällt oder nicht.

Die Reaktion von Peter und Jane

Was wird mit Peter und Jane passieren (wenn wir ihnen nicht größere Hilfe anbieten)? Nach meinem besten Wissen und Gewissen Folgendes:

Peter wird an eine Universität gehen und in eine Welt eintauchen, in der es ganz einfach ist, sich positiv darauf einzulassen, dass er sich von Männern angezogen fühlt. Eine Freundschaft zu einem Mann wird sich in etwas anderes entwickeln – eine feste Beziehung.

Seine christlichen Freunde werden nicht wissen, was sie sagen sollen.

Der Verantwortliche für die Studentenarbeit in der «bibeltreuen» Gemeinde, zu der ihn sein Jugendleiter geschickt hat, wird vielleicht etwas sagen.

Aber Peter kann ganz einfach die Gemeinde wechseln und eine christliche Gemeinde finden, die ein Auge zudrückt oder seine Beziehung bejaht.

Die Gleichaltrigen aus seiner Jugendgruppe werden Schwierigkeiten haben, das Problem überhaupt zu erkennen. Sie werden Peters Freund kennen lernen und sehen, wie glücklich Peter ist. Dann werden sie ihre Meinung ändern – eine Reaktion, die bald seine ganze Heimatgemeinde durchziehen wird.

Jane wird bald aufhören, zu ihrer Gemeinde zu gehen. Man hat von ihr verlangt, zu viel aufzugeben. Sie wird zu ihrer Freundin ziehen, und ihr Name wird schnell von den Dienstplänen der Gemeinde verschwinden.

Wenn in ihrer Kleingruppe ihr Name fällt, wird eine peinliche Stille entstehen, aber außerhalb der Gruppentreffen wird eine Anzahl von Leuten zu dem Schluss kommen, dass es toll ist, sie jetzt so glücklich zu erleben; diese Leute werden bestürzt sein, wenn sie hören, wie die Gemeinde Jane behandelt hat. Wenn sie Jane und ihre Freundin mit den Kindern zufällig im Park treffen, werden viele überzeugt sein, dass das, was Jane jetzt hat, von der Gemeinde nie hätte verurteilt werden sollen. Vielmehr hätte Jane ermutigt oder gar gesegnet werden sollen. Schau nur, wie sehr sie sich lieben!

Das ist das plausibelste Ergebnis, oder? Das ist es, was ihnen mit großer Sicherheit passieren wird. Und es fällt uns schwer, ihnen Vorwürfe zu machen. Es hört sich heute völlig unplausibel an, wenn man von ihnen verlangt, diesen gleichgeschlechtlichen Beziehungen den Rücken zu kehren und sich auf ein ganzes Leben als Single einzulassen.

Die Grundbotschaft der christlichen Gemeinden an sie lautet: «Sag unbedingt Nein!» Doch diese Botschaft hat einfach keine echte Glaubwürdigkeit mehr. Vielen von uns ist es schon peinlich, überhaupt so etwas von ihnen zu verlangen. Es hört sich geradezu ungesund an.

Diese Forderung hat in der heutigen Welt keinerlei Zugkraft. Sie ruft in der Mehrheit der Gesellschaft einfach nur ungläubiges Staunen hervor. Melinda Selmys (eine Katholikin, die sich zu Frauen hingezogen fühlt) drückt dies sehr gut aus:

> Negative Keuschheit, die Art von Keuschheit, die sich darauf beschränkt zu sagen: «Du sollst nicht …», hat durchgängig darin versagt, die postmoderne Welt zu überzeugen, weil das Wahnsinn ist. Die große Mehrheit der Menschen wird Dinge essen, die von ihrer Religion als «unrein» oder von ihren Ärzten als «ungesund» eingestuft werden, wenn sie am Verhungern sind. In den meisten Fällen ist das noch nicht mal freiwillig. Wenn man seinen Willen nicht auf ein übermenschliches Maß gestärkt hat, ist es nicht möglich, sich selbst zu Tode zu hungern. Ebenso gilt: Wenn man nicht ziemlich viele Charakterpunkte beim Aufbau der «stoischen» übermenschlichen Kraft gesammelt hat, wird man nicht in der Lage sein, die Art von sozialem Verhungern zu ertragen, welche negative Keuschheit in der heutigen Welt verlangt.[4]

Unsere Reaktion muss mehr zu bieten haben als das «Sag unbedingt Nein!» Diese Reaktion hat in unserer modernen Welt einfach nicht genug Kraft. Das Leben als Single, zu dem wir Peter und Jane heute ermutigen, war in der Vergangenheit plausibel – jetzt scheint es jedoch ziemlich unsinnig zu sein. Es ist einfach nicht mehr genug, um Peter und Jane sowie diejenigen zu überzeugen, die mit Recht Mitgefühl mit ihnen haben. Es sei denn, wir lösen das, was ich das Plausibilitätsproblem nenne.

Das Plausibilitätsproblem

Wir haben es mit einem Problem der Plausibilität zu tun: Das, was die Bibel ganz klar lehrt, hört sich für viele von uns heute ziemlich unsinnig an. Und somit wird diese Lehre (was in diesem Fall gar nicht unsinnig ist) in weiten Kreisen abgelehnt. Einige profilierte Gemeindeleiter aus unseren Kreisen sind bereits aus der Reihe getanzt.

Das beunruhigende Schweigen einer Reihe von anderen Schlüsselpersonen und Kirchen sollte uns vielleicht darauf vorbereiten, dass immer häufiger ganz plötzlich von der biblischen Lehre abgewichen wird. Diese Lehre sagt klar, dass Sex in die Ehe gehört und dass die Ehe der lebenslange Bund zwischen einem Mann und einer Frau ist.

Vielleicht bist auch du selbst kurz davor, deine Auffassung zu ändern.

Was können wir da tun?

Dieses Buch möchte hier weiterhelfen. Seine grundlegende Prämisse ist einfach: Wir müssen das, was die Bibel klar verlangt, einfach wieder plausibel machen. Wir müssen uns erinnern – und auch Peter und Jane daran erinnern –, dass Jesus Folgendes zu uns allen sagt:

> «Ich bringe Leben – und dies im Überfluss.»
>
> *Johannes 10,10; Hfa*

Jesus sagt immer die Wahrheit. Wenn das, was er hier sagt, nicht möglich zu sein scheint oder für Menschen wie Peter und

Jane nicht plausibel ist, dann liegt das nicht daran, dass *Jesus* irgendetwas falsch verstanden hat, sondern *wir*.

Die Lösung

An dieser Stelle wendet sich alles zum Positiven! Denn es zeigt sich, dass der Grund, warum die Lehre der Bibel zur Homosexualität heute so unsinnig klingt, darin besteht, dass die Kirche im Lauf der Jahre auf vielerlei Weise Fehlannahmen aufgesessen ist. So wurden Christen zu sehr von der Welt beeinflusst, die uns umgibt. Wenn wir unsere Fehlannahmen korrigieren, wird das, was Jesus zu Sex und Beziehungen sagt, plausibler werden. Es wird wieder mehr nach Leben im Überfluss klingen, und das wird eine gute Nachricht für uns alle sein.

Der Rest dieses Buches wird Folgendes tun: die Fehlannahmen beleuchten, so dass wir beginnen können, dieses Plausibilitätsproblem loszuwerden.

Wir können dies so tun, dass es Menschen wie Peter und Jane helfen wird, aber auch der ganzen Kirche. Denn diese Fehlannahmen haben nicht nur den Mitgliedern unserer Gemeinden geschadet, die sich von Menschen gleichen Geschlechts angezogen fühlen. Sie haben uns *alle* gelähmt. Wir werden alle zur Umkehr von der Art und Weise gerufen, auf die wir unabsichtlich dazu beigetragen haben, dass sich Jesu Weg wie ein schlechtes Geschäft anhört, nicht wie die beste Lebensweise für alle Menschen – was der Weg Jesu aber ist!

Kapitel 2
Das Plausibilitätsproblem und ich

Persönliches

Bevor wir uns den falschen Wegen zuwenden, muss ich etwas Persönliches weitergeben. Ich schreibe dieses Buch als evangelikaler Christ, der die gleichgeschlechtliche Anziehungskraft selbst erlebt. Seit Beginn der Pubertät hat sich mein sexuelles Verlangen auf einzelne Menschen meines eigenen Geschlechts fokussiert. Was ich für eine Phase im Teenageralter hielt (ich hatte *Wiedersehen mit Brideshead*[5] gelesen), ist nie weggegangen. Ich fühle mich mit Mitte/Ende dreißig trotz meiner größten Anstrengungen und Gebete um Änderung nach wie vor ausschließlich von anderen Männern angezogen.

Das Plausibilitätsproblem ist also *mein* Problem. Es ist nicht bloß ein Problem, dem «Freunde von mir» irgendwo da draußen begegnen (obwohl es viele meiner Freunde betrifft). Es ist eine Sache, mit der ich jeden Tag meines Lebens lebe. Ich kann dir daher sagen, dass es für einen Christen tatsächlich ein ziemliches Problem ist.

Ich glaube, dass die Bibel Gottes inspiriertes (und daher irrtumsloses und autoritatives) Wort an die Menschen ist, die er sowohl erschaffen als auch errettet und erlöst hat. Durch ihre Seiten hindurch sagt mir mein liebender Vatergott alles, was ich über alle Dinge wissen muss, die ihm etwas bedeuten (2. Timotheus 3,16–17).

Und die dieses Thema betreffenden Seiten in der Bibel sagen ziemlich klar, dass praktizierte Homosexualität in seinen Augen falsch ist – erinnere dich an die Reihe von Beweistexten im vorherigen Kapitel.

Ich bin von dieser Auffassung absolut überzeugt, trotz meiner eigenen gleichgeschlechtlichen Orientierung und trotz der Menschen, die mir sagen, Gott hätte das eigentlich gar nicht gesagt oder er hätte kürzlich seine Meinung geändert. Doch es sind gar nicht mal jene berühmten einzelnen Verse, die ich am überzeugendsten finde. Ich stimme meinem Freund Wes Hill zu (ein weiterer Christ mit gleichgeschlechtlicher Orientierung), wenn er schreibt:

> Was mich letztendlich auf dem Weg hält, den ich gewählt habe, sind nicht so sehr einzelne Beweistexte aus der Bibel oder das schiere Gewicht der traditionellen Lehre der Kirche gegen homosexuelle Praxis. Es sind meines Erachtens jene Texte, Traditionen und Lehren, wie ich sie aus der Innenperspektive der wahren Erzählung sehe, die davon handelt, was Gott in Jesus Christus getan hat – und aus der ganzen Perspektive auf das Leben und die Welt, die sich aus der Erzählung ergibt, wie sie definitiv in der Bibel zum Ausdruck kommt. Wie ein Puzzleteil aus einem ganzen Puzzle, das letztlich an seine richtige Stelle eingepasst wird, ergeben die Bibel und das Nein der Kirche zu homosexuel-

> lem Verhalten Sinn. Es hat den Klang der Wahrheit, wie es J. B. Phillips einst über das Neue Testament sagte, wenn ich diese Sache als einen Teil innerhalb der größeren christlichen Erzählung ansehe. Ich enthalte mich homosexuellen Verhaltens aufgrund der Kraft der Erzählung der Bibel.[6]

Willst du jene Texte und Lehren aus dieser größeren Perspektive sehen? Dann solltest du das vorliegende Buch durchlesen und danach einige der ausführlicheren Behandlungen dieses Themas lesen, welche am Ende des Buches auf der Liste der «empfohlenen Bücher» stehen.

Je mehr ich mich in die Erzählung der ganzen Bibel vertieft und den großen Bogen der Kirchengeschichte erkundet habe, umso mehr habe ich entdeckt, dass meine Überzeugung gewachsen ist, dass Sex nur für das Zusammenfinden eines Mannes und einer Frau gedacht ist. Das Lesen einiger der kürzlich veröffentlichten revisionistischen Schriften diente nur der Stärkung meiner Überzeugung. Jedes Mal, wenn ich mich geistlich gewappnet und erwartet habe, dass mich irgendeine neue biblische Interpretation niederstreckt, hat sich das Gegenteil als wahr erwiesen.

Und dennoch: Parallel zu diesen zunehmend starken Überzeugungen fand ich mich jeden Tag meines erwachsenen Lebens instinktiv zu einem bestimmten Typ von schönen Männern sexuell hingezogen.

Die Tatsache, dass ich nie mit irgendeinem von ihnen geschlafen habe, hilft mir nicht, da Jesus in seiner Bergpredigt sexuelle Fantasie verurteilt (Matthäus 5,27–28). Ich hatte zwar keinen tatsächlichen Sex mit einem anderen Mann, aber ich habe es mir im Lauf der Jahre immer wieder mal vorgestellt.

Es scheint hier eine riesige Kluft zwischen dem vorzuliegen, was ich verstandesmäßig glaube, und dem, was ich instinktiv täglich fühle und denke.

Wenn der Kontext sich verändert

Schon in den 1990er Jahren, als ich zum ersten Mal mit meiner Sexualität klarkommen musste, war das bereits schwer genug. Fragen von Schuld und die fehlende Gewissheit, die meine Sexualität oft mit sich brachte, haben mich jahrelang gequält – und haben mich manchmal geistlich fast aus der Bahn geworfen. Ich habe mich manches Mal gefragt, ob das Bestreben, im Licht der Lehre der Bibel zu leben, plausibel war – während ich schweigend kämpfte. Bis ich Ende zwanzig war, erzählte ich niemandem von meiner gleichgeschlechtlichen Orientierung.

Damals half es mir jedoch, dass zu jener Zeit für einen Christen wie mich das Ausleben eines homosexuellen Lebensstils völlig undenkbar war. Obwohl ein Angestellter meines Colleges ein Buch veröffentlichte, in dem ein neuer, liberalerer Ansatz dargestellt wurde, war das damals eine ganz einsame Stimme. Niemand in der christlichen Studentenvereinigung oder in meiner anglikanischen Kirche in Durham hätte seinen Umgang mit der Bibel öffentlich unterstützt. Meine christlichen Freunde waren vereint in ihrer Ablehnung der Dinge, die in jenem Buch standen.

Die Parameter, die mir vorgegeben wurden, waren kristallklar: Zölibat und ein täglicher Kampf, um auch nur den Hauch von sexueller Unmoral im Denken und Handeln auszuschließen (Epheser 5,3).

Die Botschaft «Sag unbedingt Nein!» hatte ihr Verfallsdatum noch nicht erreicht – sie hatte immer noch einige Kraft. Und obwohl mir die Konsequenzen dieser Klarheit sehr schwer vorkamen, war das Fehlen von Zweideutigkeit unglaublich hilfreich. Es hatte zur Folge, dass die von mir getroffene Entscheidung plausibel erschien.

Wir haben bereits festgestellt, dass die Dinge heute ganz anders liegen. Das ist am offensichtlichsten in der Welt außerhalb der christlichen Kirche. Dort sind Schwule weithin keine missachtete Minderheit mehr, sondern ein zunehmend einflussreicher Teil des Mainstreams im öffentlichen Leben – und das alles in weniger als zwanzig Jahren.

Dasselbe gilt aber auch für die christliche Kirche – nur in etwas geringerer Geschwindigkeit. Wir sind, wie es der Ethiker Russell Moore ausgedrückt hat, «die sexuellen Revolutionäre im Bummelzug».[7] Sogar in unseren Kreisen folgte auf die einsame Gestalt aus meinem College eine zunehmende Anzahl von revisionistischen Stimmen aus dem Innenraum der christlichen Herde.

Es gibt jetzt Führungspersönlichkeiten wie Steve Chalke und Rob Bell, die positiv über dauerhafte, treue und stabile gleichgeschlechtliche Beziehungen reden. Einige würden sagen, ich könne in ihrer Kirche den Mann meiner Träume «heiraten» und dann sogar Bischof werden! Ich kann heute, so sagen einige, alles haben. Ihre Botschaft ist eine komplett umgekehrte als die bisher gewohnte: «Sag unbedingt Ja!»

Das spiegelt sich bereits auch in den veränderten Haltungen von einigen meiner christlichen Freunde und Familienmitglieder wider. Einige, die einst dieselbe theologische Perspektive wie ich vertraten, haben mir jetzt gesagt, ich müsse nicht mehr an dem festhalten, was die Bibel sagt. Wenn ich dann entgegnete, dass ich das aber immer noch will, haben sie erwidert, sie würden da sein, wenn ich letztlich erkenne, wie wir jene Verse missverstanden und/oder falsch auf die heutige Homosexualität angewendet haben.

Wie groß diese Versuchung ist! Ich würde so gerne innerhalb des Evangelikalismus bleiben – und das mit einem schönen Mann an meiner Seite! Was für eine attraktive Aussicht! Keine Selbstverleugnung mehr – stattdessen kann ich mich hemmungslos umsehen und ausleben und dafür sogar noch von Jesus gesegnet sein! Ein Gewinn auf beiden Seiten!

Wie plausibel es doch ist, sich das Leben im Überfluss in diesem Szenario vorzustellen. Wie schwer ist es, sich ein ähnliches Leben im Überfluss vorzustellen, wenn ich dabei alleine bleibe. Die Welt außerhalb der Kirche würde mich definitiv bestätigen – doch heute würden das auch viele meiner Brüder und Schwestern in Christus tun.

Das Umfeld, in dem ich versuche, der traditionellen Lehre der Kirche treu zu sein, ist also heute viel rauer, als es je war. Und das macht mein Leben schwerer, als es je war. Denk einen Moment an die größte Sünde, die dich heimsucht.

Die Sache, die Gott dich bittet, *nicht* zu denken oder zu tun – doch du denkst oder tust es dennoch weiterhin …

Überleg, wie sehr deine Anstrengungen, «Nein!» zu sagen, unterhöhlt würden, wenn man dir plötzlich sagt, die Sache sei gar nicht mehr falsch, oder zumindest, wenn ein paar Stimmen anfangen, bei dir Zweifel zu streuen. Wenn du das nächste Mal in Versuchung gerätst, wäre die Herausforderung noch größer, oder? Warum solltest du dem Gedanken oder der Tat widerstehen, wenn es eigentlich gar keine Sünde mehr ist? Wenn es doch Jesus gar nichts ausmacht – wenn er die Sache gar gutheißt!

Willkommen zu einer der größten Herausforderungen meines Lebens. Noch vor zehn Jahren hatte ich in der christlichen Gemeinschaft fast einhellige Unterstützung für das Leben, das ich führe. Ich wusste, dass selbst eine dauerhafte, stabile und treue sexuelle Beziehung zu einem anderen Mann ernste Konsequenzen für meinen Platz in der Kirche haben würde. Es war daher viel einfacher, dies nicht mal als Option in Betracht zu ziehen. Heute kommt mir diese Möglichkeit ständig in den Sinn. Sie scheint oft sehr viel plausibler und sehr viel attraktiver zu sein.

Eine andere Welt

Überleg mal, wie viel schwieriger es sein muss, wenn du ein Christ mit gleichgeschlechtlicher Orientierung bist, der zwei Jahrzehnte jünger ist als ich. Ich habe mich auf hilfreiche Weise an die klaren Parameter des Evangelikalismus der Vergangenheit gewöhnt; ich habe mein Leben um sie herum aufgebaut und dabei (zumeist) liebevolle Ermutigung und sanfte Warnungen bekommen, sie nicht zurückzuweisen. Doch würde ich heute aufwachsen, würde ich wohl, so fürchte ich, nur wenig derartige Hilfe bekommen.

Viele christliche Gemeinden und Organisationen (vielleicht auch solche, zu denen du gehörst) schweigen komplett zu diesem Thema, aus Angst, als homophob gekennzeichnet zu werden und ihr evangelistisches Wirken zu behindern.

Bei dieser Funkstille von Seiten derer, die jungen Christen mit gleichgeschlechtlicher Orientierung biblische Seelsorge schulden, ist es unausweichlich, dass die Betreffenden – abgestoßen von der unsensiblen Schärfe einiger deutlicher konservativen Gruppen – mit dem liberalen Strom der heutigen Gesellschaft schwimmen werden.

Sie werden sich der attraktiven permissiven Haltung einiger anderer Christen anschließen. Diese Entwicklung scheint nicht zu stoppen zu sein. Es ist kaum zu glauben, dass sie ohne den Anker klarer biblischer Lehre dem Strom, der in die entgegengesetzte Richtung fließt, widerstehen können.

Das ist einer der Gründe, warum ich dieses Buch schreibe. Ich will mich daran erinnern, dass es immer noch plausibel ist, an dem festzuhalten, was die Bibel lehrt. Und ich hoffe, auch einige andere Christen mit gleichgeschlechtlicher Orientierung davon zu überzeugen. Menschen wie Peter und Jane. Vielleicht jemanden wie dich. Wir müssen eine Plausibilitätsstruktur neu aufbauen, damit wir im Licht der klaren Lehre der Bibel leben können.

Wir können das allerdings nicht auf uns selbst gestellt tun. Das ist darin begründet, dass das Leben, zu dem Christen mit gleichgeschlechtlicher Orientierung berufen sind, nur möglich erscheinen wird, wenn wir *alle* am Neuaufbau der Plausibilitätsstruktur mitarbeiten. Indem wir unsere Kirchen im Licht der Fehlannahmen sehen, die der Rest des Buches beschreiben wird, und indem wir die Kirche dann neu ausrichten.

Ohne eine gemeinsame Anstrengung werden wir es nicht schaffen. Das ist der andere Hauptgrund, aus dem ich dieses Buch schreibe: Ich werbe darum, dass weite Kreise der Kirche unsere Schwestern und Brüder mit gleichgeschlechtlicher Orientierung unterstützen. Die nächsten Zeilen sind daher für uns alle relevant.

Es ist ja wie folgt: Wenn ein Christ mit gleichgeschlechtlicher Orientierung eine schwule Identität und den dazugehörigen Lebensstil annimmt, müssen wir begreifen, dass das in gewissem Maße nicht nur der Fehler des Betreffenden ist, sondern auch unser Fehler.

Unsere Reaktion sollte nicht bloß ein trauriges Kopfschütteln und der Ruf zur Umkehr sein. Wir sollten uns fragen, wie unsere Haltungen und Handlungen die Betreffenden dazu gebracht haben könnten, die Schwelle zu überschreiten.

Ich nehme den Betroffenen nicht jede Verantwortung ab, aber ich fordere den Rest der Kirche auf, seine Verantwortung ebenfalls zu übernehmen. Wir müssen uns die Frage stellen: Gibt es Dinge, von denen auch wir aktiv umkehren müssen?

Wir sollten uns an Martin Luthers zur Umkehr einladende Worte erinnern: «Es gibt keinen größeren Sünder als die christliche Kirche.»[8] Das ist meines Erachtens eine Tatsache, die in diesem Bereich besonders gut illustriert wird. Im Rest des Buches lege ich dar, auf welche Art und Weise wir alle uns dringend verändern müssen.

Was kannst du von dem Buch erwarten? Dass du deine eigenen Überzeugungen und dein Verhalten im Licht der später folgenden Überlegungen korrigieren musst. Außerdem bitte ich dich, dabei stets abzuschätzen, inwiefern deine eigene Gemeinde für die Christen in eurer Mitte, die eine gleichgeschlechtliche Orientierung haben, eine Hilfe oder ein Hindernis ist. Ich werde jedes Kapitel mit einer Frage beenden, die dir dabei helfen soll.

Noch etwas Persönliches

Das Plausibilitätsproblem ist ganz offensichtlich eine zutiefst persönliche und emotionale Angelegenheit für mich! Ich muss mich von Anfang an entschuldigen, wenn das bedeutet, dass es sich oft so anhört, als ob ich mit jemandem ein Hühnchen zu rupfen hätte und als ob dieser Jemand *du* wärest. Ich habe eine entschiedene Ansicht zu diesem Thema, aber du musst immer aufpassen, dass ich nicht zu weit gehe. Das ist der Grund, warum ich immer auch die Perspektiven anderer Leute einbeziehe – ich will nicht, dass das Folgende wie eine rein persönliche Schimpftirade klingt. Daher habe ich auch sie zu Wort kommen lassen.

Doch ich hoffe, du beginnst jetzt zu spüren (oder hattest dieses Gefühl schon von Anfang an), dass dies auch für dich selbst eine zutiefst persönliche und emotionale Angelegenheit ist.

Dass du erkennst: Was du vielleicht bisher nur für ein Problem einer sehr kleinen Minderheit in den christlichen Gemeinden gehalten hast, ist tatsächlich ein Problem, an dem wir alle zu arbeiten haben. Nicht nur um der Wenigen willen, sondern damit *wir alle* profitieren.

Wenn du je gehofft haben solltest, dass sowohl die Sache mit der gleichgeschlechtlichen Orientierung als auch die Menschen mit gleichgeschlechtlicher Orientierung einfach verschwinden würden, ist dir jetzt hoffentlich klar, dass das nicht passieren wird.

Deshalb müssen wir dringend konstruktiver darüber nachdenken, ihnen mit mehr Mitgefühl helfen und uns daran erinnern, dass Gott oft ähnliche umstrittene Fragen und Menschen gebraucht hat, um seine unvollkommene Kirche immer mehr dem Bild seines vollkommenen Sohnes anzugleichen.

Kapitel 3
Die erste Fehlannahme: «Deine Identität ist deine Sexualität»

Ein Wortspiel?

Einem meiner christlichen Freunde, der kürzlich seine Erfahrungen mit seiner gleichgeschlechtlichen Orientierung den Schwestern und Brüdern in seiner Gemeinde mitteilte, wurde von einer jüngeren Person die Frage gestellt: «Sagst du gerade nicht einfach, dass du schwul bist?»

In gewisser Hinsicht sagte er das. Es wäre einfacher gewesen, die Sache schlicht mit diesem Wort auszudrücken – also in einer Sprache, mit der wir heute alle vertraut sind. Wenn man davon spricht, sich von Personen gleichen Geschlechts angezogen zu fühlen, dann ist das für die Menschen heute etwas schwieriger zu begreifen. Was genau war damit gemeint? Einige Leute waren verwirrt.

Mein Freund wählte seine Worte aber sehr sorgfältig. Und ich benutze dieselben Worte – sowohl in meinem Alltagsleben als auch beim Schreiben dieses Buches. Wenn ich sage: «Ich bin schwul!», dann ist das in gewisser Hinsicht in der heutigen Welt die schnellstmögliche Weise, meine sexuelle Orientierung klarzustellen. Die Leute denken dann sofort, sie wüssten, was ich meine. Das Problem ist jedoch, dass sie das nicht wissen.

Wenn ich sage: «Ich bin schwul», dann setzen sie das gleich

mit der Aussage, ich hätte einen schwulen Lebensstil und eine schwule Identität angenommen, aber das ist nicht der Fall. Sie würden erwarten, dass ich ihnen demnächst meinen Partner Brian vorstellen würde oder dass ich begeistert wäre, wenn sie mich mit ihrem schwulen Freund Barry in Kontakt bringen würden, was jedoch auch nicht der Fall ist.

Die Aussage «Ich bin schwul» erfordert so viele Klärungen, dass es einfacher ist, andere Formulierungen zu benutzen (und das tun nicht nur Christen wie ich).[9]

Einige Leute werden natürlich hinter diesen (für sie) kleinlichen Sprachregelungen Scham wittern – ich will jedoch nur kommunizieren, was ich wirklich meine. Wenn ich sage: «Ich bin schwul», denken die Leute, sie wüssten, was ich meine, und stellen mir keine weiteren Fragen.

Doch wenn ich sage: «Ich erlebe gleichgeschlechtliche Anziehungskraft», sind sie verwirrt und stellen weitere Fragen. Das erlaubt mir, genauer zu kommunizieren, was ich über meine Sexualität sagen möchte. Ich neige zu der Auffassung, dass wir es hier mit einem jener Lebensbereiche zu tun haben, in denen es ziemlich wichtig ist, präzis zu sein.

Genauigkeit hilft auf jeden Fall, die Klischees zu bekämpfen, die auf dich herabregnen, sobald du sagst, du fühlst dich zu Menschen gleichen Geschlechts hingezogen. Alles, was die Leute dazu bringt, dir Fragen zu stellen – anstatt zu denken, sie wüssten genau, in welche Schublade sie dich stecken müssen –, erlaubt dir, deine eigene einzigartige Sexualität und Persönlichkeit angemessen zu erklären.

Seit ich offener über meine Sexualität rede, bin ich oft bestürzt, wenn ich Leute erlebe, die mich als Klischee behandeln, nicht als individuelle Person. Daher denke ich: Jede Wortwahl, die Menschen dazu bringt, gewohnte Denkmuster zu verlassen, ist eine gute Sache. Es hilft auch, die Einladungen zu schlechten Musicals zu begrenzen (um nur ein einziges dieser Klischees bloßzustellen).

Labels haben Wirkung

Es ist allerdings nicht meine größte Sorge, eine Aufführung vom «Phantom der Oper» zu verpassen. Ich möchte unbedingt einer Identität entgehen, die versuchen könnte, meine grundlegende Identität als Christ zu ersetzen. Denn das, was mich in meinem Leben am stärksten definiert, ist nicht meine Sexualität, sondern mein Status – in Christus: als Kind Gottes.

Ist dieser völlig unverdiente neue Status nicht das Wunderbarste, wenn man Christ wird? Durch das Vertrauen zu Gottes Sohn Jesus in Gottes eigene Familie adoptiert zu werden! Wenig überraschend beginnt das Johannes-Evangelium mit dem folgenden Angebot:

> All denen jedoch, die ihn aufnahmen und an seinen Namen glaubten, gab er das Recht, Gottes Kinder zu werden. Sie wurden es weder aufgrund ihrer Abstammung noch durch menschliches Wollen, noch durch den Entschluss eines Mannes; sie sind aus Gott geboren worden.
>
> *Johannes 1,12–13; NGÜ*

Dieses Evangelium sagt mir, dass ich – in Christus – ein Kind Gottes bin. Daher kann ich Gott meinen Vater nennen. Daher kann ich Jesus meinen Bruder nennen. Das ist es, was der Heilige Geist bestätigt, indem er in mir wohnt. Das bin ich: Gottes eigener geliebter Sohn.

Um das christliche Leben zu führen, ist es entscheidend wichtig, auf diese Weise zu denken. Warum? Hören wir, was Pastor Kevin DeYoung dazu sagt:

> Wenn ich die neutestamentliche Ethik in einem Satz zusammenfassen müsste, würde ich sagen: *Sei, wer du bist.* Das mag sich merkwürdig anhören, fast ketzerisch angesichts der Betonung in unserer Kultur, sich selbst treu zu sein. Aber wie so viele von den schlimmsten Fehlern in der Welt repräsentiert dies die pervertierte Seite einer kraftvollen Wahrheit.
>
> Wenn die Leute sagen: «Entspann dich, du wurdest so geboren» oder «Hör auf zu versuchen, etwas zu sein, was du nicht bist, und sei einfach dein wahres Ich», dann stoßen sie zufällig auf etwas ganz Biblisches. Gott will, dass du dein wahres Ich bist. Er will, dass du dir selbst treu bist. Aber das «Ich», von dem er redet, ist das «Ich», das du durch seine Gnade bist, nicht von Natur aus.
>
> Vielleicht ist es gut, wenn du den letzten Satz noch einmal liest, denn der Unterschied zwischen einem Leben in Sünde und einem Leben in Gerechtigkeit hängt davon ab, diesen Satz richtig zu verstehen. Gott sagt nicht: «Entspann dich, du wurdest eben so geboren.» Stattdessen sagt er: «Die gute Nachricht lautet: Du bist auf andere Art neu geboren worden.»[10]

Wer ist der wahre Ed Shaw? Nicht Ed Shaw, wie die Gesellschaft um mich herum mich definiert. Nicht einmal Ed Shaw, wie ich mich selbst sehe. Sondern der Ed Shaw, der von Gott als sein Sohn sowohl angesehen als auch definiert wird! Das ist die Identität, von der die Leute in meinem Umfeld erfahren sollen. Auch ich selbst muss mich zunehmend in diesem Licht sehen. Warum?

Nun, diese Sicht schlägt alle anderen Definitions-Möglichkeiten, denn sie ist eine göttlich gegebene Identität, keine menschliche. Erst im 19. Jahrhundert begann man Menschen das Label «Homosexueller» zu geben. (Der französische Philosoph Michel Foucault fand die erste Verwendung des Labels in einem Artikel aus dem Jahr 1870.[11])

Der Gebrauch des Wortes *«gay»* im Englischen, um sich zu definieren, ist noch neuer – vor ein oder zwei Generationen war das bloß ein Frauenname oder ein Wort für ein Glücksgefühl, welches man einen Nachmittag lang haben mochte. Wie alle sprachlichen Ausdrücke haben auch diese Begriffe ihre Bedeutung geändert und werden sich zweifellos auch weiterhin entwickeln.

Doch mein Status als Kind Gottes wird sich nie ändern. Epheser 1 sagt mir, dass ich Gott schon vor der Erschaffung der Welt vor Augen stand. «Kind Gottes» ist ein dauerhaftes Label, das er persönlich für mich ausgesucht hat – das macht es zur attraktivsten Art, mich zu definieren. Dazu sollte es keine Alternative geben.

Wenn dieses Label an höchster Stelle in meinem Herzen regieren würde, würde mir das mit Sicherheit helfen. Lass mich dir zeigen, wie:

Gestern hab ich den Trailer eines Films gesucht, in dem ein

Mann, auf den ich echt stehe, zeitweise halbnackt ist. Während ich das danach vor Gott bereute, was sagte da der Teufel zu mir? «So bist du eben! Du bist die Art von Mann, der Zeit damit verbringt, lustvoll kurze Blicke auf den Körper dieses Mannes zu erhaschen. Du nennst dich Christ? Du kannst das nicht sein und gleichzeitig so etwas tun!»

Wo trägt der Böse immer die Schlacht aus? Direkt im Kampf um meine Identität! Dort ist die Schlacht am härtesten, und darum muss ich so sehr an meiner Identität in Christus festhalten.

Gestern musste ich ständig zu mir sagen: «Das ist nicht dein wahres Ich! Du bist ein Sohn Gottes. Durch den Tod von Jesus hat Gott dich dauerhaft zu seinem Sohn gemacht. Du hättest nicht tun sollen, was du gerade getan hast – aber es ändert nichts daran, wer du bist!»

Jeden Tag meines Lebens muss ich das ständig sagen. Und dasselbe gilt natürlich auch für dich.

All dies ist auch deshalb so wichtig, weil wir dazu neigen, die Identitäten auszuleben, welche die Leute uns zusprechen oder die wir uns selbst zulegen. Diese Identitäten können eine starke Macht über uns bekommen. Menschen, denen wiederholt gesagt wurde oder die ständig denken: «Du bist dumm!» oder «Du bist hässlich!», fangen an, sich so zu verhalten, als ob es tatsächlich so wäre. Manchmal sogar dann, wenn es eine Menge Belege für das Gegenteil gibt.

Wörter haben die Macht, uns zu formen und uns entweder zu etwas zu machen – oder uns zu zerstören. Ich will also vor allem hören und denken: «Ed, du bist ein Sohn Gottes!» – Und nicht: «Ich bin schwul!»

Ich sage nicht, dass Menschen sich plötzlich zu gleichgeschlechtlichen Partnern hingezogen fühlen, weil ihnen gesagt wird, sie seien schwul – oder dass die gleichgeschlechtliche Anziehungskraft aufhört, wenn man ihnen das nicht sagt.

Doch ich sage, dass es meiner Ansicht nach für Christen nicht hilfreich ist, «Schwulsein» als Label zu akzeptieren. Ich habe evangelikale Freunde, die das getan haben und ganz klar nicht die volle Identität als Kind Gottes und den dazugehörigen Lebensstil annehmen.

Aber ich mache mir Sorgen über die negativen pastoralen Folgen jener Entscheidung (so wie diejenigen sich wahrscheinlich Sorgen machen über die negativen evangelistischen Folgen meiner Entscheidung).[12]

Ich denke, dass die erstgenannte Entscheidung unsere Offenheit für Veränderungspotenzial einschränken kann. Ich habe Freunde, die das bezeugen würden. Nämlich dass das Label «schwul» sie in eine von Menschen gemachte Schublade steckte, die dann ihre Erwartungen einschränkte, was Gott in ihrem Leben tun könnte. Es verringerte also ihre Erwartung von Veränderung.

Ich schätze, dass alles, was meine Hoffnung auf die Kraft des Evangeliums unterminiert, etwas ist, von dem ich mich so gut wie möglich fernhalten will.

Ich bin also der Auffassung, dass ein Christ auf der Hut vor allem sein sollte, was seine oder ihre Identität in ihrer Sexualität verwurzeln könnte. Wir müssen an dieser Stelle gegenkulturell sein: Unsere Identität muss stattdessen fest in Christus verankert werden.

Sünder oder Heilige?

Doch an welchem Punkt sind die christlichen Gemeinden in diesem Zusammenhang in die falsche Richtung gegangen? Hast du es nicht gemerkt? Hier ist der Punkt, und er stellt eine Gefahr dar, der einige Christen oft erliegen: Wir definieren uns im Allgemeinen eher als Sünder, weniger als Heilige. Wir definieren uns als Menschen in ständiger Rebellion gegen Gott, nicht als seine auf Dauer adoptierten Kinder.

Das ist wahrscheinlich ein Moment, in dem für viele die Alarmglocken klingeln. Daher muss ich sagen: Wir müssen uns natürlich über die alles durchdringende Wirklichkeit der Sünde im Klaren sein. Als Reaktion auf eine Welt, welche die Sünde als solche fast leugnet, und auf viele Kirchen, welche die Sünde ständig herunterspielen, reden wir mit Recht wiederholt über die Rebellion der Menschheit gegen Gott, der uns erschaffen hat. Vielleicht muss deine Gemeinde tatsächlich mehr über dieses Thema reden, nicht weniger.

Das ist auch der Grund, warum die Bibel immer wieder unsere ständigen Versuche verurteilt, Gott durch Götzen zu ersetzen, durch die wir letztendlich nur uns selbst anbeten können. Wenn wir unseren nichtchristlichen Freunden vom Evangelium erzählen, müssen sie unbedingt verstehen, dass die Sünde unser größtes Problem ist. Erst dann können sie den vollen Reichtum der wunderbaren Lösung dieses Problems durch Gott erkennen, und zwar in der Inkarnation, Kreuzigung, Auferstehung und Himmelfahrt Jesu Christi.

In anderen christlichen Gemeinden müssen wir jedoch erkennen, dass sich viele langjährige Gläubige immer noch hauptsächlich als Sünder verstehen und nicht als Kinder Gottes, denen vergeben worden ist. Die Gefahr besteht hier darin, dass wir mehr Zeit damit verbringen können, über das zu reden, was wir falsch gemacht haben, statt über das zu reden, was Gott alles getan hat, um uns in Christus wiederherzustellen.

So manche Gottesdienste beginnen mit Schuldbekenntnissen, die – schlecht eingeleitet oder falsch verstanden – den Eindruck vermitteln, dass wir Sünder sind, die zu Gott in der Hoffnung zurückkriechen, wieder in sein gutes Buch hineinzukommen.

Wir erinnern uns gegenseitig nicht genug daran, dass unser Status sich dauerhaft geändert hat, als wir erstmals unser Vertrauen auf Jesus setzten. Ich muss niemals in die Gegenwart Gottes zurückkriechen – in Jesus lebe ich jetzt ständig in seiner Gegenwart. Ein schneller Durchgang durch das Neue Testament wird offenbaren, dass Gläubige nur ein einziges Mal als Sünder definiert werden (in 1. Timotheus 1,15 – und Paulus nimmt das ganz klar nicht als Identität an).

Die vernachlässigte Lehre im Hintergrund ist natürlich die von unserer Verbindung mit Christus: die unglaubliche Wahrheit, dass ich jetzt in seine Identität eingebunden bin und daher Anteil an seiner gerechten Stellung vor Gott habe. Ich bin eins mit ihm. Lies noch mal Epheser 1 und beachte, wie oft diese Vorstellung dort vorkommt – und auch all die Folgen, die sich aus dieser Wirklichkeit ergeben. Wir müssen irgendwie mehr über diese Wahrheiten reden, uns mehr in ihnen sonnen.

So sehr wir also Gemeinden brauchen, welche die Wirklichkeit der Sünde nicht aus dem Evangelium und aus unserem Leben wegretuschieren, so sehr brauchen wir auch Gemeinden, die ihre Mitglieder befähigen, sich hauptsächlich als Kinder Gottes zu identifizieren.

Ich weiß, dass mich Gottesdienste zu oft ermutigt haben, zuzulassen, dass mich meine Sünde mehr definiert als mein Retter. Ich bin aus solchen Versammlungen mit einem größeren Bewusstsein von meiner gleichgeschlechtlichen Orientierung gegangen als mit dem Bewusstsein von meinem neuen Status in Christus. Sie haben mich unabsichtlich ermutigt, zu viel Zeit damit zu verbringen, über meine Liebe zu einigen Männern nachzusinnen als über Gottes Liebe zu mir.

Ich brauche eine Botschaft, die biblisch ausgewogener ist. Eine Botschaft, die meine weiterhin vorhandene Sünde nicht unter den Teppich kehrt und die mich weiterhin ermutigt, mich von der Sünde abzukehren (1. Johannes 1,8–10).

Die Botschaft muss aber gleichzeitig verhindern, dass die Sünde mich definiert. Denn ich muss hauptsächlich daran erinnert werden, wer ich in Christus bin. Ich brauche Worte wie die folgenden: «Du bist nicht das, was in dir Verlangen weckt. Du bist, wer du bist. Und das wird vom Wort Gottes definiert.»[13]

Derartige Worte erinnern mich daran, dass es plausibel ist, ein Christ zu sein, der immer noch gleichgeschlechtliche Anziehungskraft spürt. Wenn ich nicht darauf hingewiesen werde, wer ich laut Gottes Wort bin, kommt der Moment, in dem ich denke, dass ich das nicht mehr durchhalte und meine Identität wieder mit meiner Sünde verbunden wird: mit dem Sex mit einigen Männern, nach dem es mich oft verlangt.

Würde in Christus

Unsere Kirchen (inklusive derjenigen, in der ich Dienst tue) sollten die von Mark Yarhouse folgendermaßen formulierte Herausforderung annehmen:

> Die Kirche kann den Menschen in der Frage der Identität helfen – unabhängig von der Frage nach der Veränderung der [sexuellen] Orientierung. Wir können anerkennen, dass ein schwules Lebensskript für diejenigen unwiderstehlich sein kann, die mit gleichgeschlechtlicher Anziehungskraft kämpfen. Besonders wenn sie nicht sehen, dass ihre Glaubensgemeinschaft ihnen viele Optionen anbietet. Wir können daher alternative Skripte entwickeln, die in biblischer Wahrheit sowie in der Person und im Werk Christi verankert sind. Wir können auch unser eigenes Leben anschauen und uns fragen, ob wir wirklich bereit sind, auf eine Weise zu leben, in der Christus die oberste Priorität zukommt, ob wir nun eine gleichgeschlechtliche Anziehungskraft erleben oder nicht.[14]

Wenn die primäre Identität, die alle unsere Gemeinden allen unseren Gemeindemitgliedern empfehlen, unsere gemeinsame Identität in Christus wäre, würde das mehr für die Lösung des Plausibilitätsproblems bewirken als fast alles andere.

Wenn es also um die Definition oder Beschreibung deiner Identität geht: Zu welchen Begriffen und Kategorien würdest du hauptsächlich tendieren? Zum Begriff Mutter oder Vater,

Verheiratete(r) oder Single, Buchhalter oder Künstler, Erfolgsmensch oder Versager, Schwuler oder Hetero? Du solltest anfangen, dich selbst primär so zu sehen, wie Gott dich sieht – du solltest zulassen, dass *er* dich definiert und beschreibt. Und wie tut er das?

Dein Schöpfer- und Erlösergott sagt: Du bist sein vollkommenes Kind (Epheser 1,4–5), die heilige Schwester oder der heilige Bruder von Jesus (Hebräer 2,11), einer seiner Erben (Galater 4,7), kostbar und von ihm geliebt (Jesaja 43,4), Träger seines Ebenbildes (1. Mose 1,27). Ich lese zu Beginn eines jeden Tages einen dieser Verse, um meinem «Christuswert» einen Schub zu geben – um mich also an alles zu erinnern, was ich jetzt bin, vereint mit Jesus, dem vollkommenen Ebenbild Gottes. Um meine eigene Identität in ihm zu gründen.

In der Gemeinde, in der ich Pastor bin, versuchen wir uns gegenseitig dabei zu helfen. Wir stellen sicher, dass unsere gemeinsamen Treffen immer unserem «Christuswert» einen Schub geben. Manchmal beginnen wir mit einem Bibelvers, der uns an unsere neue Identität in Christus erinnert. Wir wählen Lieder aus, die uns in die Lage versetzen, uns an unserem dauerhaften Status in der Familie Gottes zu freuen. Wir bekennen unsere Sünden und erinnern uns daran, dass sie Gottes Liebe zu uns in Christus erstaunlicherweise nicht zerstört haben.

Wir tun alles Mögliche, das unsere Identität in dem verwurzelt, was wir dem Wort Gottes zufolge jetzt in Jesus sind. Das hat zur Folge, dass ich ein Treffen verlasse und stärker an meinen neuen Status in Christus erinnert wurde als an meine gleichgeschlechtliche Orientierung.

Anwendungsfrage

Wie können wir uns alle vergewissern, dass unsere Identität von Gottes Wort definiert wird – und nicht von der Welt, die uns umgibt?

Kapitel 4
Die zweite Fehlannahme: «Eine Familie ist Mutter, Vater und zwei Komma vier Kinder»

Glückliche Familien?

Aus der Sicht eines bestimmten Mitglieds meiner Familie besteht die eigentliche Tragik darin, dass ich nie Kinder haben werde. Sie wünscht mir, dass ich einen netten Mann finde und (trotz der biologischen Hürden) meine eigenen Kinder habe. Hinreißenderweise meint sie, ich würde einen guten Vater abgeben – und dass es schrecklich wäre, würde diese Möglichkeit an mir vorübergehen.

Ehrlich gesagt würde ich sehr gerne Kinder haben. Ich würde ihnen das Piratenschiff von Playmobil schenken, welches ich nie von meinen Eltern bekommen habe (obwohl ich oft genug Andeutungen in diese Richtung gemacht habe). Ich würde mit meinem älteren Kind *Dogger*[15] lesen, das schon meine Eltern mit mir gelesen haben. Ich habe mich danach gesehnt, mit meiner eigenen Tochter zusammen an der Bettkante das Ende von «Mary Poppins» zu beweinen.

Viele andere Freunde wünschen mir einfach nur, dass ich jemanden hätte, zu dem ich nach Hause kommen kann. Sie finden die Tatsache nicht gut, dass sie alle am Ende eines geschäftigen Tages zu ihren Lieben zurückkehren dürfen und ich in ein leeres

Haus zurückmuss. Einige sagen immer wieder, dass sie hoffen, ich würde in Kürze einen netten Partner finden. Sie haben ganz klar die Hoffnung (und einige beten dafür), dass ich recht bald aus diesem für sie ziemlich irrationalen und schädlichen Widerstand gegen die Aussicht auf eine nette, dauerhafte, treue, stabile schwule Beziehung herauskomme.

Natürlich würde auch ich sehr gerne nach Hause kommen und umarmt werden. Ich versuche, nicht zu oft an die Möglichkeit zu denken, mich an den Tisch setzen und mit jemandem über den Tag reden zu können, der ein dauerhafter Teil meines täglichen Lebens ist. Ich habe den Eindruck, die Leute würden manchmal annehmen, dass mir das nicht gefallen würde – aber das würde es natürlich! Ich sehne mich ständig danach. Ich will, ich brauche eine glückliche Familie – genau wie viele andere Menschen, die aus zahllosen anderen Gründen Singles sind.

Doch ich habe ja eine Familie! Nicht nur meine wunderbaren Eltern, Geschwister, Neffen (einem von ihnen kaufte ich das Piratenschiff), Nichten, Schwäger, Tanten, Onkel, Cousins – verstreut in ganz Großbritannien und in der weiten Welt, sondern auch eine reale Familie hier in Bristol. Und das sind kein skandalöser Partner und Kinder, die ich in einem Schrank geheim gehalten habe, sondern es sind die Mitglieder meiner Gemeinde – der Emmanuel Church in Bristol.

Wirklich? Ist die Rede von der Gemeinde als einer Familie nicht bloß gute Werbung, der Versuch, die Gemeinde Jesu zu etwas zu machen, das sich so anfühlt, wie es in Wirklichkeit nie ist? Ein eher schwacher Versuch, Gemeindemitgliedern, die Singles sind, ein etwas besseres Gefühl zu geben, während sie einsam herumsitzen, umgeben von jeder Menge junger Familien mit zahlreichen Kindern, die nach den kleinen Propheten benannt wurden?

Nein! Es ist eine Vorstellung, die von Jesus höchstpersönlich stammt:

> Während Jesus noch zu der Menge redete, waren seine Mutter und seine Brüder gekommen. Sie standen vor dem Haus und wollten ihn sprechen. Einer [aus der Menge] sagte zu Jesus: «Deine Mutter und deine Brüder stehen draußen und wollen dich sprechen!» Jesus wandte sich zu dem, der ihm diese Nachricht brachte, und erwiderte: «Wer ist meine Mutter, und wer sind meine Brüder?» Dann wies er mit der Hand auf seine Jünger und fuhr fort: «Seht, das sind meine Mutter und meine Brüder! Denn wer den Willen meines Vaters im Himmel tut, der ist mein Bruder, meine Schwester und meine Mutter.»
>
> *Matthäus 12,46–50; NGÜ*

Es zeigt sich, dass Jesus seine Familie als alle die definiert, die ihm nachfolgen, nicht als diejenigen, die mit ihm verwandt sind. Das heißt nicht, dass ihm sein engster Familienkreis nichts bedeutete. Immerhin stellte er sogar noch im Sterben am Kreuz sicher, dass seine Mutter versorgt werden würde. Die Verse zeigen aber, dass die Rede von der Gemeindefamilie nicht bloß ein PR-Gag ist – es ist eine geistliche Wirklichkeit.

Jesus selbst war der Erste, der die Begrifflichkeit der «Familie» benutzte, um seine ersten Nachfolger zu beschreiben, diese

Gruppe, aus der die christliche Kirche hervorging. Der Rest des Neuen Testaments folgt seiner Führung, indem durchgängig Familienbegriffe verwendet werden, um sowohl zu beschreiben, was die Kirche ist, als auch, wie sie funktionieren soll (lies mal den Brief von Paulus an Timotheus, in dem sich zahlreiche Beispiele finden).

Eine der radikalsten Unterschiede zwischen den beiden Testamenten scheint darin zu bestehen, dass die biologische Familie viel weniger Bedeutung hat, als ihr bisher zukam. Im Alten Testament war es ein Zeichen von Gottes Segen, wenn eine Frau Kinder hatte (vgl. etwa Psalm 128). Im Neuen Testament ist auffällig, dass die Betonung darauf liegt, die Kirche aufzubauen, nicht bloß deine eigene biologische Familie. Die beiden Hauptgestalten des Neuen Testaments – Jesus und Paulus – waren Singles.

Glückliche Gemeindefamilien?

Das Problem besteht darin, dass du heute in vielen christlichen Gemeinden letztendlich denken könntest: Im Missionsbefehl (Matthäus 28,18–20) geht es eigentlich darum, Babys zu zeugen. Das ist natürlich eine Art, Jünger hervorzubringen (wenn auch oft nicht die effektivste), aber es ist nicht die einzige Art.

Der Apostel Paulus hatte ganz klar das Gefühl, in der ganzen Welt Kinder zu haben, obwohl er gar keine eigenen hatte. Er sieht Timotheus, dessen Mentor er war, als «lieben Sohn» an (vgl. 2. Timotheus 1,2). Er hatte auch elterliche Gefühle gegenüber ganzen Gemeinden (1. Thessalonicher 2,1–12). Die Gemeinden, die er gründete, waren seine Kinder, seine wahre Familie – obwohl er ein Single war.

Diese Wirklichkeit ist in vielen unserer Gemeinden verloren gegangen. Die Rede von der Gemeinde als Familie ist oft nur ein Lippenbekenntnis. Die Erfahrung fehlt. Mütter, Väter und ihre zwei Komma vier Kinder fassen in Gemeinden normalerweise schnell Fuß, aber wenn du als Alleinerziehende kommst, als Geschiedener, als Witwe oder Witwer, als Single (Mann oder Frau) – aus welchen Gründen auch immer –, dann wirst du oft feststellen, dass die Leute nicht wissen, was sie mit dir anstellen sollen. Es sei denn, du bist etwa 20 bis 30 und kannst in die Gruppe für Singles gehen (und schnell heiraten).

Wir vermitteln unabsichtlich den Eindruck, als bestehe die Gemeinde aus biologischen Familien. Bevor du nicht Teil einer dieser konventionell strukturierten Gruppen bist, wirst du nie richtig dazugehören.

Und der Druck, unter den sich diese Familien selbst setzen, bedeutet, dass sie sehr wenig Zeit haben, über ihren eigenen Tellerrand zu schauen. Davon haben mir sehr viele Leute berichtet, und es ist nicht schwer, Mitgefühl mit ihnen in dieser Lage zu entwickeln.

Sie arbeiten verantwortungsbewusst und hart, um ihre Familien versorgen zu können – oft arbeiten beide Elternteile mit einem hohen Pensum an Wochenstunden, um ihr Haus in den grünen Stadtrandgebieten abzubezahlen.

Da sie mit Recht etwas gegen den Verfall ihrer Ehe tun wollen, ist das wöchentliche gemeinsame Ausgehen eine ihrer Prioritäten.

Verständlicherweise wollen sie das Beste für ihre Kinder und sind daher an den meisten Abenden und Wochenenden rastlos unterwegs, um Hosea und Obadja vom Kinderklub nach der Schule zum Musikunterricht, zur Nachhilfe, zum Fußballtraining und zu Partys zu kutschieren.

Sie verwenden auch viel Energie darauf, ihr eigenes Familienleben am Laufen zu halten. Sie sind also derart geschäftig, dass sie eigentlich keine Zeit haben, mit anderen in Beziehung zu treten – es sei denn, andere Leute haben Kinder, die gut mit ihren eigenen spielen können.

Wenn du also eine Familie hast, kannst du begründet das Gefühl haben, dass du für niemanden sonst Zeit hast. Das kann allerdings heißen: Wenn du keine Familie hast, verstärkt sich das Gefühl, dass du überhaupt niemanden hast. Und das macht das Leben als Single niemandem plausibel – am wenigsten den treu an der Bibel festhaltenden Christen mit gleichgeschlechtlicher Orientierung, die nicht einmal die Hoffnung haben, irgendwann eine eigene Familie zu haben.

Hör mal, wie einer von uns beschreibt, wie schmerzhaft das sein kann:

> Natürlich kannst du dich einen Großteil der Zeit mit deiner Arbeit beschäftigen und den Eindruck gewinnen, es würde dich von dir selbst ablenken. Trotzdem kannst du es nicht vermeiden, auch Entspannungszeiten zu haben; und womit sollen die gefüllt werden? Nun, mit allen mög-

> lichen Interessen, um dir die Zeit zu verkürzen und im Handeln und Denken und auch in deinen Emotionen geschäftig zu bleiben. Doch was dann? Du kommst wieder zu dir selbst nach Hause; die Asche im Kamin ist kalt, und das Haus ist leer.[16]

Es kann ein unglaublich einsames Leben sein. Es sei denn, wir nehmen Jesu Definition von «Familie» und leben sie wirklich aus. Es sei denn, wir achten auf die Erfahrung von Familie, die Paulus gemacht hat, und arbeiten zusammen, um das nachzuahmen. Es sei denn, wir werden wach für die radikale neutestamentliche Vorstellung, dass Gemeinde wirklich Familie ist – und dass Mutter, Vater und zwei Komma vier Kinder als «einzige» Familie nur ein sehr spezifisches Konstrukt aus dem späten 20. Jahrhundert ist. Immerhin lebten die meisten Menschen früher ja in größeren Familienverbänden über die Generationengrenzen hinweg. Dankbarerweise begreifen das bereits viele Leute. Pastor John Piper ist nur einer davon:

> Ehe und Familie sind zeitliche Dinge für das gegenwärtige Zeitalter; die Gemeinde Jesu ist ewig. Ich spreche die radikale biblische Wahrheit aus: Zu einer menschlichen Familie zu gehören, ist kein Zeichen ewigen Segens, aber zu Gottes Familie zu gehören, heißt, ewig gesegnet zu sein. Beziehungen, die auf der Familie basieren, sind zeitlich begrenzt. Beziehungen, die auf der Einheit mit Christus basieren, sind ewig. Die Ehe ist eine zeitlich begrenzte Institution, doch das, wofür sie steht, ist ewig.[17]

Glücklicherweise (und ich weiß, dass das eher selten ist) bin ich Teil einer Gemeinde, die schwer daran arbeitet, all das zu begreifen und zu erfassen. Wir sind noch nicht am Ziel angelangt, aber wir beginnen meines Erachtens, einige Fortschritte zu machen. Ich fühle mich also tatsächlich als Teil einer Familie. Ich *bin* Teil einer Familie. Lass mich das illustrieren.

Meine Gemeindefamilie

Ich komme bei einem Treffen in der Gemeinde an und umarme meine Tante ehrenhalber, Ruth (sie ist gerade 70 geworden). Sie ist ebenfalls Single, und wir haben darüber geredet, wie wir beide physische Zuneigung vermissen – und auf diese Weise geben wir uns nun gegenseitig etwas davon.

Jeden Dienstagabend gehe ich mal schnell zu einer Familie, die nur kurz um die Ecke wohnt. Ich bespaße Charlie und Toby, bis sie (Letzterer ist eines meiner zwölf Patenkinder) kurz vor dem Schlafengehen total aufgekratzt sind, und esse dann zu Abend mit ihren geduldigen Eltern Jim und Claire. Ich mag es sehr, bei ihnen am Tisch zu sitzen und über unser Leben und unseren Dienst zu reden (Jim ist mein Co-Pastor).

Mittwochs versuche ich, mich in einem Café mit einer Gruppe von Freunden aus der Gemeinde zu treffen, um über das zu reden, was in der Woche so läuft. Wir sind oft eine Mischung aus Singles und Verheirateten – es klappt am besten, wenn so ein Querschnitt der Gesellschaft zusammen ist, damit es eine größere Bandbreite an Lebenserfahrungen (und Pizza) miteinander zu teilen gibt.

Donnerstagabends schaut oft Jack vorbei, auf dem Rückweg von der Arbeit. Wir reden über Gott und die Welt und rücken alles wieder ins richtige Licht – richtig aus der Perspektive von Männern, die Singles sind. Ich kenne ihn, seit er ganz frisch Christ geworden war und studierte. Ich hatte das Vorrecht, ihn dabei zu beobachten, wie er zu einem reifen Christen heranwuchs, der sich im Dienst für Jesus bei seiner Arbeit und in der Gemeinde – und sogar darüber hinaus – voll hingibt.

Sonntags gehe ich nach dem Gottesdienst und vor der Kleingruppe zum Tee zu einem Ehepaar mit zwei Töchtern. Ich kenne Simon und Lucy nun über zehn Jahre und war der Trauzeuge bei ihrer Hochzeit. Wir sind uns gegenseitig Ratgeber, wir wissen, wie es bei jedem familiär, finanziell und glaubensmäßig aussieht. Ich bin der Patenonkel von Katie (und ihr habe ich *Dogger* vorgelesen) und wurde als potenzieller gesetzlicher Beistand für sie und ihre Schwester ausgewählt.

Ein anderes Ehepaar lädt mich in den Urlaub ein; ihr Haus steht mir immer offen. David und Jolsna haben nach der letzten Hochrechnung rund vierhundert Essen für mich gekocht – und mit ihrer Tochter Malati habe ich das Ende von «Mary Poppins» beweint. Paul und Jo kommen oft vorbei, oder ich gehe zu ihnen zum Essen; David und Jolsnas Sohn Jacob ist mein und ihr Patenkind!

Für meinen letzten Geburtstag hatte ich keine Pläne gemacht, also organisierte das Ehepaar, mit dem ich eine Kleingruppe leite, Paul und Helen, eine Party. Obwohl sie nur zwei

Tage vorher angekündigt wurde, kamen rund fünfzig Gemeindeglieder.

John und Avril sind im Alter meiner Eltern, aber sie gehören mittlerweile zu meinen besten Freunden – auch wenn Johns Fähigkeiten und Geschwindigkeit beim «Scrabble» die Freundschaft schon manchmal hart auf die Probe gestellt hat. Wir mögen dieselben Fernsehserien, zum Beispiel «West Wing» und «M*A*S*H» – und zum Teil mögen wir dieselbe Musik, beispielsweise die von James Taylor.

Ich könnte so weitermachen und von Tim und Ali reden, von Jay und Rosie, von Phil; ich kenne Leute, die ich anrufen kann – und die mich anrufen – und zwar abends um 22 Uhr, so dass jemand da ist, mit dem ich reden kann, wenn ich nach einem langen Tag nach Hause komme. Sie wissen, dass das für mich oft eine schwierige Phase ist, und haben ihre Hilfe angeboten.

Als ich das letzte Mal krank war, hätte ich eine Telefonvermittlung gebraucht, um alle Hilfsangebote zu koordinieren. Mein Kühlschrank ist immer noch voll von den Suppen und anderen Speisen, die mir gebracht wurden.

Gott hat mich in großer Freundlichkeit in eine Familie von Leuten aller Generationen, Hintergründe und Lebensumstände gestellt, und wir lernen langsam, uns gegenseitig Familie zu sein. Jesus sagte, dass wir das sein sollen, und er hat uns dazu auch befähigt. Wie immer sagte er die Wahrheit:

> Jesus erwiderte: «Ich sage euch: Jeder, der um meinetwillen und um des Evangeliums willen Haus, Brüder, Schwestern, Mutter, Vater, Kinder oder Äcker zurücklässt, bekommt

alles hundertfach wieder: jetzt, in dieser Zeit, Häuser, Brüder, Schwestern, Mütter, Kinder und Äcker – wenn auch unter Verfolgungen – und in der kommenden Welt das ewige Leben.»

Markus 10,29–30; NGÜ

Es ist entscheidend wichtig, dass diese neue Familie uns allen zum Segen ist – es ist ein stetiges Geben und Nehmen von allen Beteiligten. Diese Familie stärkt Singles, aber auch Ehepaare. Sie erlaubt Kindern, in einem Umfeld aufzuwachsen, in dem mehrere Erwachsene Elternrollen für sie einnehmen. Sie ist nicht vollkommen – es gibt ständig Höhen und Tiefen. Alle menschlichen Beziehungen werden manchmal chaotisch, doch die Sache ist es wert, die unangenehmen Seiten in Kauf zu nehmen. Denn wenn diese Familie gut läuft, ist es die wunderbarste Erfahrung für uns alle. Manchmal muss ich mich zwicken, um sicher zu sein, dass ich das alles wirklich erleben darf.

Die Plausibilität des Lebens, das ich gewählt habe, ist eng mit dieser Erfahrung verbunden. Wenn sich das Gemeindeleben wie eine Familie anfühlt, kann ich damit fertigwerden, niemals meinen eigenen Partner und meine eigenen Kinder zu haben.

Am meisten kämpfen musste ich, wenn die Gemeinde nicht wie Familie war. Die Christen mit gleichgeschlechtlicher Orientierung, die ich getroffen habe und die am meisten leiden, sind in solchen Gemeinden, die das, was in diesem Kapitel gesagt wurde, überhaupt noch nicht verstanden haben. Diese Gemeinden registrieren diese individuellen Personen nicht einmal.

Deine Gemeindefamilie

Willst du also dabei helfen, dass die biblische Lehre zur Homosexualität vernünftig erscheint? Willst du dabei helfen, das Plausibilitätsproblem anzugehen? Dann fang damit an, die christliche Wirklichkeit auszuleben, dass Familie gleich Gemeinde ist, in welche Lebensumstände Gott dich auch hineingestellt hat. Erkenne die Fehlannahme, dass Familie aus Mutter, Vater und zwei Komma vier Kindern besteht. Das wird anderen (und dir selbst) mehr helfen, als du ahnst.

Fang an, indem du mit Leuten aus unterschiedlichen Altersgruppen und Lebenssituationen sprichst, um herauszufinden, was sie am meisten brauchen und schätzen. Vielleicht ist es so einfach wie die Dinge, welche meine Gemeinde freundlicherweise für mich tut. Vielleicht ist es etwas anderes.

Eine Freundin von mir, ebenfalls Single, empfindet die Zeiten, die sie bei Familien verbringt, als schmerzhafte Erinnerung an das, was sie nie hatte. Aber sie schätzt es sehr, nur mit ihren verheirateten weiblichen Freunden essen zu gehen. (Diese Freundinnen wiederum schätzen die Ausrede, um mal einen Abend ohne Mann und Kinder zu haben.)

Ein anderer Freund, wiederum ein Single, hilft sich (und anderen), indem er regelmäßig Mountainbike-Touren organisiert, an denen Singles und Verheiratete teilnehmen können. Stell deine eigenen Nachforschungen und Überlegungen an!

Du darfst aber nicht bloß reden. Tu etwas! Warte nicht auf andere, damit hier etwas geschieht. Wenn du wartest, wird mit großer Sicherheit nichts passieren. Also: Wen aus deiner Gemeindefamilie wirst du einladen, damit ihr gemeinsam den Film am Mittwochabend schaut? Wer könnte mitten in der Woche mit dir essen, damit du es nicht allein tun musst? Hast du im Sommer die Gelegenheit, zusammen mit einer Gruppe aus Familien und Singles in Urlaub zu fahren?

Wenn man wie eine Gemeindefamilie lebt, dann kommt nicht unbedingt eine ganze Reihe neuer Punkte zusätzlich auf eine bereits lange To-do-Liste. Es bedeutet nur, deine Brüder und Schwestern in Christus in das einzubeziehen, was du sowieso zu tun geplant hattest. Du kannst die Initiative dazu ergreifen, ob du verheiratet bist oder Single. Was könntest du heute tun?

Anwendungsfrage

Wie können wir alle sicherstellen, dass die Rede von der «Gemeindefamilie» nicht bloß leeres Gerede ist?

Kapitel 5
Die dritte Fehlannahme: «Wenn du schwul geboren wurdest, kann es nicht falsch sein, schwul zu sein»

Die Ursprünge meiner Sexualität

«Wie kann schwul sein falsch sein, wenn man schwul geboren wird?» Diese Frage wird mir sehr oft gestellt. Es ist eine gute Frage: Meine gleichgeschlechtliche Orientierung fühlt sich im Sinne der Frage als ein Teil von mir an. Als eine Theorie zu den Ursprüngen der Homosexualität funktioniert das Argument «schwul geboren» für mich besser als alle anderen, die heute auf dem Markt sind. Auch wenn jeder Mann und jede Frau, die sich zu gleichgeschlechtlichen Partnern hingezogen fühlen, zweifellos seine oder ihre eigene Sicht zu diesem komplexen und umstrittenen Thema hat.

Da ich im Austausch mit einer ganzen Bandbreite von Leuten mit gleichgeschlechtlicher Orientierung stehe, bin ich immer wieder verblüfft, wie einzigartig die Sexualität jeder einzelnen Person ist, sowohl was die Entwicklung als auch was den Ausdruck betrifft. Auf diesem Gebiet funktionieren keine Verallgemeinerungen und kein Dogmatismus.

Aber zurück zu mir! Ich persönlich finde die Vorstellung, schwul geboren zu sein, überzeugender als die Vorstellung, dass ich eines Tages aufwachte und mich bewusst entschied, von jetzt an auf Männer zu stehen. In Wirklichkeit war es so: Seit dem Beginn der Pubertät fühlte ich mich instinktiv zu einigen der Jungs hingezogen, mit denen ich aufwuchs – ganz ähnlich, wie sie sich instinktiv zu einigen der Mädchen hingezogen fühlten.

Ich fühlte mich einfach anders gepolt. Ich versuchte keine Umpolung. Auch wenn es gewisse Belege gibt, welche unterstützen, dass es fließende Übergänge in der Sexualität einiger Menschen gibt (besonders bei Frauen), existieren doch wenige wissenschaftliche Indizien dafür, dass wir selbst unser eigenes Verlangen einfach willentlich an- und abschalten können (obwohl wir uns natürlich entscheiden können, das Verlangen zu intensivieren).

Doch anderen Leuten zufolge muss ich gar nicht selbst die Verantwortung übernehmen: Jegliche Fehler liegen bei meinen Eltern, sagen sie. Ich kann, wenn ich denn will, ihnen die Schuld geben. Meine enge Beziehung zu meiner dominanten Mutter und meine zerbrochene Beziehung zu meinem passiven Vater formten meine Sexualität bereits seit dem frühen Alter.

Aber in meinem Fall treffen solche kruden Stereotypen überhaupt nicht zu.

Meine Mutter und mein Vater wären die Ersten, die zugeben, dass sie nicht vollkommen sind, aber ich habe mein ganzes Leben eine gute Beziehung zu beiden genossen. Tragisch ist: Eines der Dinge, die mich davon abhielten, offener mit meiner Sexualität umzugehen, war meine Angst, dass andere meinen Eltern die Schuld geben würden.

Das nächste Argument lautet: Die wahre Ursache sei dann

sexueller Missbrauch als Kind. Als junger Teenager wurde ich bestimmt von einem älteren Mann verführt. Das beschädigte meine Sexualität derart stark, dass ich mit einer gleichgeschlechtlichen Orientierung endete. Das ist eine andere Theorie, die auf dem Markt ist.

Doch das ist mir nie passiert. Kein Erwachsener hat je auf eine solche Weise Hand an mich gelegt. Meine Sexualität ist nicht von irgendjemand anderem auf diese Weise geformt worden.

Weiter geht's: Meine Koordination zwischen Hand und Augen ist einigen zufolge eine weitere potenziell schuldhafte Partei. Weil ich nicht in der Lage war, einen Ball zu fangen, und immer der Letzte war, der in eine Mannschaft gewählt wurde, sei ich zu jemandem geworden, dessen Sexualität die Art von Mann begehrt, der ich nie sein werde. Meine Mängel an räumlicher Sehfähigkeit sind also schuld!

Aber viele Freunde hatten als Kind dieselbe Erfahrung und sind völlig heterosexuell. Würde ich mich wirklich verändern, wenn ich beim Rugby gut wäre? Das ist mir nahegelegt worden! Aber ich kann einen Rugbyball immer noch nicht richtig einschätzen.

Ist es also in meinen Genen?

Es wird oft vom «Schwulen-Gen» gesprochen – also von der Behauptung, eine gleichgeschlechtliche Orientierung sei bereits in meiner DNA vorhanden. Ich wurde mit rotbraunen Haaren geboren. Ich wurde schwul geboren. Gegen beides kann ich nichts machen (wobei mein rotbraunes Haar langsam schwindet, aber die gleichgeschlechtliche Orientierung nicht).

Wenn das der Fall ist, so sagen viele, dann ist meine gleichgeschlechtliche Orientierung ganz natürlich, und es kann daher nicht falsch sein, sie auch sexuell zum Ausdruck zu bringen. Wenn es genetisch ist, muss es richtig sein. Es wäre sogar kriminell, wenn man sagen würde, sie könne nicht richtig sein – das wäre eine Leugnung meines Menschenrechts, ich selbst zu sein.

Ich hoffe, du spürst, wie kraftvoll diese Argumentation ist – ob du nun mit der Theorie vom «Schwulen-Gen» übereinstimmst oder nicht. Sie ist mit Sicherheit die Theorie, die am besten mit meiner erlebten Erfahrung übereinstimmt (wenn nicht sogar mit der Erfahrung von allen). Dies ist heute die nachdrücklichste Argumentation zur Bejahung der Homosexualität.

Ich vermute, dass einige Christen aus genau diesem Grund viel Zeit und Energie darauf verwendet haben, die Vorstellung zu bekämpfen, dass eine gleichgeschlechtliche Orientierung genetisch oder angeboren ist. Die wissenschaftliche Evidenz dafür und dagegen ist zu einem der am stärksten umkämpften Gebiete in der ganzen Debatte geworden – vergleichbar mit einem Stück Wiese mitten im Niemandsland auf dem Höhepunkt des Ersten Weltkriegs.

Ich bin allerdings der Auffassung, dass wir dieses Gebiet aufgeben können. Zugegeben: Die wissenschaftliche Basis dafür ist nicht breit. Trotz einiger hochgepuschter Zeitungstitel steht die Entdeckung eines «Schwulen-Gens» immer noch aus. Die Evidenz für ein solches Gen ist in den letzten Jahrzehnten tatsächlich zurückgegangen. In ihrem neusten Buch *Straight Expectations* fragt die homosexuelle Journalistin Julie Bindel den Genetiker Dr. Andrew Rutherford, ob so ein Gen tatsächlich existiert. Er erwidert:

> Ich habe den Eindruck, ich kann Ihnen auf diese Frage eine eindeutige Antwort geben, die gleichermaßen für die Biologie fast jeder komplexen menschlichen Eigenschaft gilt, und diese Antwort lautet, dass es kein Schwulen-Gen gibt.[18]

Ich würde jedoch argumentieren: Selbst wenn morgen ein «Schwulen-Gen» gefunden werden würde, müssten wir uns dennoch keine Sorgen über diese verlorene Schlacht machen. Eine genetische Basis für die Homosexualität würde sie nicht zu etwas machen, das richtig ist. Eine solche Basis käme nicht einem Wegfallen von Verantwortung gleich und würde daher nicht dem Liberalismus Tür und Tor öffnen. Die Annahme, dass dem angeblich so sei, war in der Tat eine bedeutende und schädliche theologische Fehlannahme von Leuten in der Kirche.

Man muss nämlich wissen: Eine der zentralen Wahrheiten der Bibel lautet, dass wir alle von Geburt aus Sünder sind und trotzdem für unsere Sünden verantwortlich gemacht werden. Auf den Seiten der Bibel ist es also kein Problem, mit einer gleichgeschlechtlichen Orientierung geboren zu werden und dennoch dem Vorwurf ausgesetzt zu werden, danach gehandelt zu haben. Die Bibel vertritt die Auffassung, dass die Sünde jeden Teil von uns beeinträchtigt, da wir ein sündiges genetisches

Erbe haben (was sich auf zahllose verschiedene Weisen manifestiert). Trotzdem gehört es zu den herrlichen Seiten unseres Menschseins als Ebenbilder Gottes, dass wir von unserem Schöpfer für das verantwortlich gemacht werden, was wir denken, sagen und tun.

Erbsünde

Wir reden hier von dem, was Theologen die Lehre von der Erbsünde nennen. Psalm 51 ist einer der Texte, in denen dies am besten formuliert wird. Der Psalm wurde von König David verfasst, nachdem er mit Batseba Ehebruch begangen hatte und zur Vertuschung ihren Ehemann Uria hatte umbringen lassen (zu den Einzelheiten siehe 2. Samuel 11–12). Im Psalm sagt er Folgendes:

> Du weißt es: Von Geburt an lastet Schuld auf mir;
> auch meine Mutter war nicht frei von Sünde,
> als sie mit mir schwanger war.
>
> *Psalm 51,7; NGÜ*

Hier erkennt König David an, dass für ihn das gilt, was wir gerade als Wahrheit für alle Menschen behauptet haben: Wir sind alle mit einem angeborenen Instinkt zur Sünde geboren. Das ist für uns ganz natürlich.

In der heutigen Welt würde man erwarten, dass David diese Wirklichkeit benutzen würde, um als Nächstes seinen Ehebruch und Mord zu entschuldigen. Um also beides wegzuerklären: Es sei gar nicht sein Fehler gewesen. Man würde es als Teil einer Rechtfertigung der Verbrechen nehmen: «Ich wurde sexuell promiskuitiv geboren. Man kann mich nicht für etwas verantwortlich machen, für das ich einen angeborenen natürlichen Instinkt habe.»

Das sind jedoch nicht die Worte Davids in diesem Zusammenhang. Psalm 51 dreht sich komplett darum, dass David die Verantwortung für seine Taten übernimmt. Vor dem gerade zitierten Vers sagt er Folgendes zu Gott:

> Denn ich erkenne meine Vergehen,
> und meine Sünde ist mir ständig vor Augen.
> Gegen dich allein habe ich gesündigt,
> ja, ich habe getan, was in deinen Augen böse ist.
> Das bekenne ich, damit umso deutlicher wird:
> Du bist im Recht mit deinem Urteil,
> dein Richterspruch ist wahr und angemessen.
>
> *Psalm 51,5–6; NGÜ*

Etwas später sagt er dann Folgendes:

> Reinige mich von meiner Sünde –
> so wie der Priester dies mit einem Ysopbüschel tut –,
> dann bin ich wirklich wieder rein.
> Wasche meine Schuld von mir ab,
> dann werde ich weißer sein als Schnee.
> Lass mich wieder etwas Wohltuendes hören

> und Freude erleben,
> damit ich aufblühe,
> nachdem du mich so zerschlagen hast.
> Schau nicht weiter auf die Sünden,
> die ich begangen habe,
> sondern lösche meine ganze Schuld aus!
>
> *Psalm 51,9–11*

Er übernimmt die volle Verantwortung – und das, obwohl er seine natürliche Neigung zu diesem Verhalten registriert. König David glaubt, dass er als Sünder geboren wurde, und sieht sich dennoch als ein Mensch an, der vollständig für seine Sünde verantwortlich ist.

Dieser Punkt wird in der Bibel immer wieder herausgestellt. König David ist in der Bibel keine verschrobene Ausnahme. Du könntest nun fragen: «Warum habe ich dann bisher noch nie etwas von Erbsünde gehört?» Nun ja, wie ziemlich vieles, was die Bibel lehrt, hört sich auch die Sache mit der Erbsünde zunächst einmal etwas unfair an. Das heißt, dass die Leute das nicht mögen und die Prediger und Lehrer dazu neigen, nicht viel dazu zu sagen. Der Professor für englische Literatur Alan Jacobs hat es wie folgt ausgedrückt:

> Wir ringen darum, ein Modell der menschlichen Sündhaftigkeit zusammenzuhalten, das universal und nicht nur lokal ist. In diesem Modell erben wir die Sünde, wir wählen sie nicht. Trotzdem sind wir in Furcht einflößender Weise von A bis Z verantwortlich für unseren Zustand.[19]

Dennoch gilt, was Jacobs in seinem Buch zum Thema Erbsünde ebenfalls herausstellt (ein Buch, das er geschrieben hat, weil diese Vorstellung einen Großteil des englischen Literaturkanons dominiert): «Die einzelnen Elemente der Vorstellung sind völlig unbekannt.»[20] Wir wissen alle, dass es eine traurige Wirklichkeit des Lebens ist, dass …

> … einige Menschen mit irgendeinem Leiden geboren werden: einem Geburtsfehler als Ergebnis einer Fehlübertragung genetischer Information oder einer Störung (wie HIV oder Hepatitis), die von der Mutter über die Nabelschnur auf das Kind übertragen wurde.[21]

Wir merken allerdings auch ständig, dass unsere vererbten Probleme nicht nur medizinischer, sondern auch moralischer Art sind. Jeder von uns erbt Sündenmuster. Denk nur mal kurz an Kommentare, die man regelmäßig hört:

«Er hat das Temperament seines Vaters.»

«Familie Schmidt hat eine lange Geschichte mit Alkoholproblemen.»

Ich habe eine Dickköpfigkeit geerbt, von der meine Mutter dickköpfig behauptet, sie komme von der Seite der Familie meines Vaters.

Dennoch: Trotz der Tatsache, dass wir alle mit einer Neigung zu bestimmten Verhaltensweisen geboren werden und dass wir vielleicht eine familiäre Schlagseite zu bestimmten Sünden haben, ziehen wir uns immer noch gegenseitig zur Verantwortung für unsere Haltungen und Handlungen.

Vererbte schlechte Eigenschaften mögen unser Mitgefühl mit jemandem erhöhen, der oder die darum ringt, die betreffende Sache zu überwinden, doch die Vererbung macht die Sache nicht richtig oder führt dazu, dass sie nicht bestraft werden kann. Wir würden dem instinktiv zustimmen, wenn jemand, den oder die wir lieben, von einem zornigen Betrunkenen ermordet werden würde. Oder wenn du je mit mir zu tun hattest, wenn ich in besonders dickköpfiger Stimmung war.

Die meisten von uns stimmen also bereits den einzelnen Vorstellungen zu, aus denen die Lehre von der Erbsünde besteht (und was daraus folgt): dass wir unvollkommen in eine unvollkommene Welt geboren wurden und dennoch für unsere Unvollkommenheiten zur Verantwortung gezogen werden können und sollten.

Wir haben lediglich versäumt, die Zusammenhänge auf die Weise herzustellen, wie es die Bibel ganz hilfreich tut: Sie benennt diese Unvollkommenheiten, wie Gott sie nennt, als Erbsünde – unsere angeborene Neigung, auf bestimmte Weisen instinktiv gegen den Gott zu rebellieren, der uns erschaffen hat. Wir sehen die verschiedenen Ergebnisse, doch wir statuieren nicht in aller Klarheit die Ursache. Das aber tut Gott durch sein Wort.

Bist du so weit noch bei mir? Dieser Punkt gehört zu den schwierigsten, die ich in diesem Buch erklären muss, aber es ist wichtig, dass du ihn begreifst. Die Bibel lehrt uns – und das Leben um uns herum zeigt uns –, dass wir alle mit einer angeborenen Fähigkeit zur Sünde und einem ebensolchen *Verlangen nach Sünde* geboren werden. Wir können selbst nichts dagegen machen. Und dennoch sagt die Bibel ganz klar, dass wir für unsere Sünden verantwortlich gemacht werden.

Gleichgeschlechtliche Anziehung und Erbsünde

Zurück zur gleichgeschlechtlichen Anziehung. Zurück zur Frage, mit der ich dieses Kapitel begann: «Wie kann schwul sein falsch sein, wenn man schwul geboren wird?» Im Lichte dieser biblischen Lehre geht das ganz leicht: Ich wurde nicht vollkommen geboren (frag nur mal meine Mutter nach meiner Dickköpfigkeit!). Ich wurde mit jeder Menge anderer Dinge geboren, die falsch sind. Einige davon gehören recht einzigartig zu mir.

Eines dieser Dinge waren die Anfänge einer einzigartig defekten Sexualität (jeder Mensch ist anders defekt und entwickelt sich in verschiedene Richtungen). Und das kann gut und gerne der determinierende Faktor bei der sexuellen Anziehung sein, die ich nun in Bezug auf bestimmte Männer spüre. Doch potenziell «schwul» geboren zu sein (wie es recht grob ausgedrückt wird) bedeutet nicht notwendigerweise, dass es für mich richtig ist, eine schwule Identität und einen ebensolchen Lebensstil anzunehmen. Der Neutestamentler Richard Hays drückt das sehr gut wie folgt aus:

> Das Wesen der Sünde besteht gerade darin, dass sie nicht frei gewählt wird. Das ist die Bedeutung der Wendung: in einer gefallenen Schöpfung «im Fleisch» leben. Wir sind an die Sünde gebunden, aber dennoch dem gerechten Gericht Gottes für unsere Handlungen Rechenschaft schuldig. Im Lichte dieser theologischen Anthropologie kann nicht mehr daran festgehalten werden, dass eine homosexuelle Orientierung moralisch neutral ist, nur weil sie unfreiwillig ist.[22]

Ich wurde ohne die Wahl geboren, zu sündigen oder nicht zu sündigen. Dennoch ist Sünde falsch. Ich bin vor Gott für sie verantwortlich. Ich könnte mit der gleichgeschlechtlichen Anziehung geboren worden sein; es kann sich für mich ganz instinktiv anfühlen, aber ich bin immer noch verantwortlich dafür, wie ich aufgrund dieses Impulses handle.

Unser Wissen über das, was richtig und falsch ist, kann nicht aus dem abgeleitet werden, was uns natürlich zufällt, denn alles, was mit dieser Welt nicht stimmt, ist uns natürlich zugefallen. Moral muss durch jemanden definiert werden, der außerhalb von uns steht. Und dem ist auch so – durch den Gott, der uns erschaffen hat.

Vielen in der christlichen Gemeinde müssen wir also sagen: Von allen Menschen auf unserem Planeten sollten *wir* diejenigen sein, die am besten damit klarkommen, dass Menschen schwul geboren werden (wenn das denn tatsächlich der Fall ist) und dass es trotzdem falsch ist, dies sexuell auszuleben. Es war eine riesige Fehlannahme, dass dies nicht artikuliert wurde.

Wir müssen aufhören, Angst vor der gelebten Erfahrung vieler Menschen mit gleichgeschlechtlicher Orientierung zu haben – dass sie nämlich schon immer so gefühlt haben. Wir haben vielen von ihnen einen Bärendienst erwiesen, indem wir uns in der Vergangenheit geweigert haben, dies zu akzeptieren – nicht nur wegen des Schadens, den das bei ihnen verursacht hat, sondern wegen des Schadens, den das an der Lehre von der Erbsünde angerichtet hat. Unsere Fehlannahme war für uns alle schlecht.

Denn auch du wurdest ohne die Wahl geboren, zu sündigen oder nicht zu sündigen. Und dennoch ist die daraus folgende Sünde nach wie vor falsch. Und auch du bist dafür vor Gott verantwortlich – welche Form die Sünde in deinem Leben auch annimmt. Du kamst mit einer angeborenen Neigung auf die Welt, auf bestimmte Weise zu sündigen. Das hat sich für dich ganz instinktiv angefühlt, und dennoch wirst du dafür verantwortlich gemacht werden, aufgrund dieses Impulses entsprechend zu reagieren. Und du musst das wissen, damit du dich selbst und deinen Kampf mit der Sünde verstehen kannst.

Die Menschen in unserem Umfeld werden nur verstehen, was es heißt, Mensch zu sein, wenn sie mit uns zusammen diese Schlüssellehre von der Erbsünde ernstnehmen – und ebenso alles, was daraus folgt. Wir müssen alle damit aufhören, uns selbst und unseren natürlichen Instinkten zu vertrauen. Sie haben uns in den Schlamassel geritten, in dem wir stecken, in ganz vielen verschiedenen Kontexten.

Dass wir unseren natürlichen Instinkten nachgegeben haben, hat die Umwelt, die Beziehungen, die Wirtschaft und alles andere zerstört. Es ist höchste Zeit, dass wir unsere Aufmerksamkeit dem Gott zuwenden, der zutreffender bestimmt, was für unseren langfristigen Vorteil richtig und falsch ist.

Anwendungsfrage

Wie können wir besser vermitteln, dass ein natürlicher Instinkt, etwas zu tun, nicht bedeutet, dass es richtig sein muss?

Kapitel 6
Die vierte Fehlannahme: «Wenn es dich glücklich macht, muss es richtig sein»

Glücklich sein?

Manchmal habe ich so meine «Küchenbodenmomente». Ich nenne sie so, weil ich dabei auf dem Boden meiner Küche sitze. Ich mache dann aber nichts Nützliches wie den Boden schrubben, auch wenn der das eigentlich immer nötig hätte. Stattdessen hocke ich dort und weine. Der Grund für meine Tränen besteht darin, dass ich unglücklich bin mit den Erfahrungen, die meine gleichgeschlechtliche Orientierung oft mit sich bringt. Der intensive Schmerz, den ich manchmal fühle, weil ich keinen Partner, keinen Sex, keine Kinder habe und mir auch sonst noch alles Mögliche fehlt.

Ich weiß, was mir meine nichtchristlichen Freunde und Familienmitglieder in solchen Momenten sagen würden. Wenn es mich derart unglücklich macht, wenn ich nicht aufgrund meines gleichgeschlechtlichen Impulses hin handle, sollte ich eben beginnen, entsprechend zu handeln. Ich sollte mir einen netten Mann nehmen, großartigen Sex haben, einige süße Kinder adoptieren und glücklich sein.

Ich weiß, dass es für viele meiner christlichen Freunde und für viele in meiner Gemeinde-Familie in diesen Momenten nicht einfach ist zu wissen, was sie mir sagen sollen. Dass ich mit meiner Handlungsverweigerung unglücklich bin, ist das, was sie am stärksten überzeugt, dass ich dem Impuls nachgeben sollte. Gott will doch wohl, dass wir glücklich sind, oder? Wenn ich einen netten christlichen Mann finden und ihn «heiraten» würde, was könnte daran falsch sein, wenn ich mit ihm Sex und Kinder haben würde? Wie kann Gott etwas verurteilen, das so vielen Menschen so viel Glück bescheren würde?

Warum bin ich so arrogant zu denken, ich wüsste, was die meisten Leute sagen würden? Weil auch ich in diese Richtung denke: weil unser persönliches Glück in der Welt, in der wir heute leben, die größte Autorität ist. Wenn jemand oder etwas dazu führt, dass wir in unserem Leben unglücklich sind, dann muss dieser Mensch oder diese Sache falsch sein. Wenn jemand oder etwas uns glücklich macht, muss dieser Mensch oder diese Sache richtig sein.

Belege für diese Haltung finden sich überall. Die Werbung verspricht uns Glück, wenn wir das beworbene Produkt kaufen. Die Politiker werden uns Glück bescheren, wenn wir sie wählen. Glück ist das Versprechen einer neuen Liebe, wenn wir die alte dafür aufgeben. Glück ist der Grund, aus dem die Menschen heute die meisten Dinge tun. Wir wollen einfach nur glücklich sein, und alle unsere Entscheidungen sind von der Frage bestimmt, was uns am schnellsten das meiste Glück bescheren wird (und das vielleicht noch auf möglichst billigem Weg).

Doch in christlichen Gemeinden sieht das doch sicherlich anders aus, oder? Wir verwenden viel Zeit darauf, andere auf diese

Gefahr hinzuweisen. Doch wir wollen einmal sehen, wie diese Fehlannahme unsere eigenen Gemeinden infiltriert hat bzw. wie auch wir zulassen, dass unser eigenes Glück unsere Entscheidungen bestimmt. Ich denke, zwei Beispiele reichen mir, um die Sache zu belegen.

Wenn man ein paar Generationen zurückgeht, wird man feststellen, dass Scheidung für die meisten Christen keine Option war. Pastoren haben damals Scheidung nur in den schlimmsten Fällen von wiederholtem Ehebruch oder Missbrauch des Partners empfohlen (und das mit Recht). Heute ist Scheidung in christlichen Familien jedoch keine Seltenheit mehr.

Womit wird das gerechtfertigt? Mit unserem Glück – es kann nicht gut sein, in einer Ehe zu bleiben, die dich unglücklich macht. Weil wir heute überzeugt sind, dass Gott nur unser Glück möchte, ignorieren wir fröhlich, was er zur Scheidung sagt (Matthäus 5,31–32).

Auch die Haltung der westlichen Christen zum wirtschaftlichen Wohlstand wurzelt in unserer Überzeugung, dass Gott zu 100 % unserem Glück verpflichtet ist – zu einem Glück, wie es unsere Gesellschaft definiert, nicht er. Obwohl wir es nie zugeben würden und obwohl wir regelmäßig Leute verurteilen, die mit dem «Wohlstands-Evangelium» hausieren gehen, haben wir uns doch der Welt um uns herum angepasst, wenn wir glauben, dass man mit Geld Glück kaufen kann.

Also geben wir ab, worauf wir verzichten können, aber erst, nachdem wir alles bezahlt haben, was wir nicht mehr als Luxus ansehen: das dritte Paar Schuhe, das neuste Mobiltelefon, den Urlaub in fremden Ländern, die Schulgebühren an der Schule mit den Weltklasse-Einrichtungen, die Pension, die sicherstellt, dass wir unseren Lebensstil bis zum Tod halten können.

Nur wenige Pastoren würden es wagen, ihre Gemeindemitglieder zu bitten, das Glück zu opfern, das diese Dinge angeblich garantieren.

In früheren Generationen hatte sich der Lebensstil vieler Christen noch sichtbar von dem ihrer nichtchristlichen Nachbarn unterschieden. Heute gibt es oft nichts mehr, was uns unterscheidet. Wir befürchten, unser Leben wäre ohne diese Dinge weniger glücklich. Und weil wir davon ausgehen, dass Gott will, dass wir glücklich sind, ignorieren wir fröhlich, was sein Wort über die Art von Großzügigkeit sagt, die mehr abgibt, als wir uns vermeintlich leisten können (2. Korinther 8–9).

Unser kurzfristiges Glück ist die heute herrschende Autorität – sowohl außerhalb als auch innerhalb der Gemeinde Jesu. Manchmal haben wir unseren Gott und sein Wort unverhohlen (liberale Kreise) und manchmal subtil (evangelikale Kreise) verändert, damit er weiterhin ganz zu unserem Verlangen passt, einfach nur glücklich zu sein.

Gott ist heute oft, um eine Formulierung von Timothy Keller zu benutzen, ein «Stepford-Gott»[23] – ein Gott, den wir uns selbst erschaffen haben (wie in dem Film «Die Frauen von Stepford», die von ihren Männern erschaffen wurden); ein Gott, der möchte, dass wir auf die Weise glücklich sind, wie wir es wollen (bestimmt von der Gesellschaft um uns herum); ein Totempfahl von einem Gott, der niemals dem widersprechen würde, was wir tun wollen.

In vielen kirchlichen Kontexten ist die Hauptgruppe, die man immer noch bittet, etwas zu tun, was sie unglücklich macht, in der Tat die Gruppe der Christen, die homosexuelle Anziehung erleben. Es hat daher eine verständliche (beinahe bewundernswerte) innere Stimmigkeit, wenn man nun auch ihnen erlaubt, das zu tun, was sie tun wollen. Dann können wir alle miteinander glücklich sein!

Warum unglücklich sein?

In einem Umfeld, in dem Glück fast immer die Autorität ist, scheint meine Entscheidung, meinem gleichgeschlechtlichen Impuls nicht nachzugeben, völlig unplausibel zu sein, weil sie mich oft so unglücklich macht. Ich gehe damit nicht nur gegen mein eigenes machtvolles Begehren an; es fühlt sich so an, als ob ich gegen den Strom der gesamten Welt um mich herum schwimme. Warum sollte ich also nicht zu dem Schluss kommen, dass Gott nur möchte, dass ich glücklich bin, und fröhlich ignorieren, was er über seine Abscheu auf homosexuellen Sex sagt (3. Mose 18,22)?

Was hält mich davon ab, zu Tipp-Ex zu greifen und damit großzügig Dinge aus der Bibel zu streichen? Nun, ich bin nicht überzeugt, dass ich tatsächlich glücklich werde, wenn ich das tue, was mich meiner Ansicht nach glücklich machen sollte. Wenn ich in der Lage gewesen wäre, mit jedem Mann Sex zu haben, mit dem ich Sex haben wollte, hätte ich ein sexuell promiskuitives Leben geführt. Im jeweiligen Moment dachte ich immer, der betreffende Mann würde mich glücklich machen. Und vielleicht hätten sie das auch getan – für den Moment.

Doch der Genuss wäre ein vorübergehender gewesen. Viele der Folgen wären schlecht gewesen – für mich, für die Männer und auch für andere.

Woher ich das weiß? Weil die Welt, die uns umgibt, uns das sagt, wenn sie wirklich ehrlich ist. Einige der Hollywoodfilme, die ich in letzter Zeit gesehen habe, haben kraftvoll die Botschaft vermittelt, dass sexuelle Promiskuität kein Glück nach sich zieht – ganz im Gegenteil. Überraschenderweise wurde meine falsche weltliche Sicht, dass viel Sex viel Glück bedeutet, von nichtchristlichen Filmemachern korrigiert.

In vielen verschiedenen Kontexten wachen die Menschen in der Welt um uns herum auf und erkennen die Wahrheit, dass ein Leben allein «für unser eigenes Glück im Hier und Jetzt» tatsächlich der sicherste Weg ist, langfristig unser Unglück zu garantieren.

Doch zurück zu denen, die sich beim ersten Anzeichen, dass sie unglücklich sind, scheiden lassen. In ihrem Buch zur Ehe analysieren Tim und Kathy Keller diesen Punkt, indem sie auf säkulare Statistiken verweisen. Sie sagen:

> Langzeitstudien zeigen, dass zwei Drittel der unglücklichen Ehen binnen fünf Jahren glücklich sein werden, wenn das Paar zusammenbleibt und sich nicht scheiden lässt.[24]

Viele, die andere ermutigt haben, um ihres Glückes willen aus einer unglücklichen Ehe auszusteigen, haben ihnen unter Umständen einen Bärendienst erwiesen.

Und nehmen wir noch einmal das Beispiel Materialismus. Die Anzahl von Nichtchristen, die bewusst materiell «abrüsten», zeigt ebenfalls, dass viele die Lüge erkannt haben, dass nur noch ein paar weitere Dinge – ein weiterer Urlaub, bessere Ausbildungsmöglichkeiten und eine saftige Pension – genug sind, um dir (und deinen Lieben) wahres Glück zu kaufen.

Wir brauchen etwas anderes, für das und von dem wir leben können. Das Plausibilitätsproblem, vor dem wir hier stehen, gehört eigentlich zu der Welt um uns herum – und viele von unseren nichtchristlichen Freunden und Familien beginnen, das zu realisieren.

Wahres Glück

Wir brauchen alle eine neue Autorität. Eigentlich brauchen wir aber am dringendsten die alte Autorität: Gott selbst. Jemanden außerhalb von uns selbst, für den es sich zu leben lohnt; die Regeln von jemand anderem, nach denen es sich zu leben lohnt. Wir müssen beginnen, ihm zu folgen und auf ihn zu hören.

Warum? Warum sollten wir unser hauptsächliches Verlangen nach Glück mit einem hauptsächlichen Verlangen nach dem Gehorsam gegenüber Gottes Wort ersetzen? Warum sollten wir unsere persönliche Souveränität ihm ausliefern? Ich finde, der mittlere Teil von Psalm 19 ist überzeugend:

> Das Gesetz des Herrn ist vollkommen,
> es stärkt und erfrischt die Seele.
> Was der Herr in seinem Wort bezeugt,
> darauf kann man sich verlassen,

auch einem Unerfahrenen wird
dadurch Weisheit geschenkt.
Die Anordnungen des Herrn sind wegweisend
und erfreuen das Herz.
Das Gebot des Herrn ist klar und deutlich,
es schenkt neue Einsicht.
Ehrfurcht vor dem Herrn ist rein,
in Ewigkeit bleibt sie bestehen.
Die Ordnungen des Herrn sind zuverlässig
und entsprechen der Wahrheit,
sie sind ausnahmslos gerecht.
Wertvoller als Gold sind sie,
kostbarer als eine Menge von feinstem Gold;
sie sind süßer als Honig,
ja, süßer noch als Honig,
der aus der Wabe fließt.
[Herr], auch ich, dein Diener,
lasse mich durch sie zurechtweisen;
sie zu befolgen bringt großen Lohn.

Psalm 19,8–12, NGÜ

Die Welt um uns her ändert ständig ihre Ansicht zur Frage, was uns glücklich machen wird. Im Laufe der Geschichte wurde manchmal sexuelle Treue als Weg zum wahren Glück verheißen (in den 1950ern), aber zu anderen Zeiten sexuelle Promiskuität (in den 1960ern). Etwas weiter zurück war die viktorianische sexuelle Repression eine Reaktion auf die georgianische sexuelle Freizügigkeit.

Einem Mann oder einer Frau mit gleichgeschlechtlicher Orientierung, geboren in den 1930er Jahren, wäre in einem Großteil seines oder ihres Lebens von der Gesellschaft gesagt worden, er oder sie solle das entsprechende Verlangen unterdrücken – um dann erst in den letzten Jahrzehnten die Erlaubnis zu bekommen, das Verlangen frei auszuleben (wobei sie dann schon über 70 oder 80 Jahre alt waren).

Wer weiß, was uns in fünfzig Jahren als Verhalten empfohlen wird, das uns glücklich macht? Es ist fast sicher, dass sich erneut fast alles ändern wird, ob es nun um Sex oder sonst etwas geht. Wer weiß, wann die Gesellschaft zu weit in die eine oder andere Richtung gegangen sein wird? Das Pendel ist in Bezug auf fast jedes Thema extrem hin und her geschwungen, und wir wissen nie, in welche Richtung wir uns im nächsten Moment bewegen.

Im Unterschied dazu liefert uns Gottes Wort (sein «Gesetz», seine «Statuten», «Vorschriften», «Gebote» und «Beschlüsse») die «vollkommene» und «vertrauenswürdige» Weisheit, die wir brauchen. Bist du dir unsicher, was wirklich gut für dich ist? Gottes Wort liegt immer «richtig» und wird dir zeigen, welches Tun gut ist. In einer Welt, in der alle anderen Autoritäten ihre Ansichten ändern, ist Gottes Wort dauerhaft und «gewiss».

Sein göttlicher Ursprung gibt uns die alles erkennende und allwissende zeitlose Perspektive und damit eine Autorität, die es wert ist, dass wir nach ihr leben. Insbesondere gilt, woran uns die einleitenden Verse von Psalm 19 erinnern: Der letztendliche Autor des Wortes Gottes ist auch unser Schöpfer – und der weiß am besten, was gut für uns ist. Daher sagt der Psalmist, dass Gottes Gesetz wertvoller ist als Gold und besser schmeckt als Honig.

Und interessanterweise gilt: Wenn wir Gottes Wort gehorchen, bekommen wir das wahre Glück, nach dem wir uns sehnen. Unsere Seelen werden belebt, wir bekommen Weisheit, erleben wahre Freude, bekommen alle Einsicht, die wir im Leben brauchen, und werden für unseren Gehorsam wunderbar entlohnt. Diese eindeutigen Verheißungen im Psalm (die auch durchgängig in der Bibel wiederholt werden: Matthäus 5,2–12; Johannes 10,10) ersetzen unser primäres Verlangen nach unserem persönlichen Glück durch ein primäres Verlangen, Gottes Wort zu gehorchen, was wiederum bedeutet, dass wir wahres Glück geschenkt bekommen.

Dies sind die biblischen Wahrheiten, die mich davon abhalten, meiner gleichgeschlechtlichen Orientierung nachzugeben. Sie haben die Kraft, mich treu an Gottes Wort zu halten, wenn der Gehorsam gegenüber seinen Geboten mich weinend auf den Küchenboden geworfen hat. Sie versichern mir, dass etwas wahr ist, was mein absoluter Lieblingsautor C. S. Lewis einst schrieb:

> Wenn wir nicht so sein wollen, wie Gott uns will, dann wollen wir in der Tat etwas, das uns unmöglich glücklich machen kann. Jene göttlichen Forderungen, die unserem natürlichen Ohr weit eher als die eines Despoten klingen denn die eines Liebenden, leiten uns genau dahin, wohin wir selbst gehen würden, wenn wir nur wüssten, was wir wirklich wollen.[25]

Wenn ich mein Leben als schwuler Mann führen will, also die ganze moderne Identität und den dazugehörigen Lebensstil pflegen will, versichert mir Gottes Wort, dass mich das nicht glücklich machen wird. Obwohl es sich so grausam und lieblos anhört, wenn ich mich weigere, meine sexuellen Gefühle zu bestätigen und auszuleben, obwohl ich mir das so sehr wünsche, ist genau dieses Überwinden aber die Haltung, die ich wählen würde, wenn ich wüsste, dass es das Beste für mich ist.

Psalm 19 garantiert mir, das zu erhalten, was ich mir am meisten wünsche – selbst wenn er mich daran hindert, das auf die Art und Weise zu bekommen, die ich mir so oft wünsche.

Daher versuche ich, Gottes Wort zu der Autorität schlechthin in meinem Leben zu machen, nicht das, was mich meiner Ansicht nach (oder nach Ansicht anderer Menschen) glücklich macht. Darum geht es ja beim Christsein: Man nimmt Gott beim Wort und vertraut ihm dadurch.

Das genaue Gegenteil ist das, was die Menschheit seit Adams und Evas Beispiel in 1. Mose 3 getan hat: Gott nicht beim Wort nehmen und ihm dadurch nicht vertrauen.

Im Zentrum des Christseins steht das Anerkennen, dass wir uns der falschen Autorität untergeordnet haben – unserem eigenen Glück; und dass wir uns einer anderen Autorität unterordnen müssen – dem Weg Gottes zu unserem Glück, wie ihn sein Wort darlegt.

Es läuft daher irgendetwas zutiefst falsch, wenn Christen anfangen, die Teile aus der Bibel herauszuschneiden, mit denen sie nicht glücklich sind; das zeigt, dass sie sich Gott letztlich nicht wirklich unterordnen, sondern weiterhin definieren wollen, was für sie richtig und falsch ist. Das ist immer ein Fehler gewesen und hat alles Unglück in der Welt verursacht (wiederum 1. Mose 3).

Als Christen sollen wir nicht den Ungehorsam unserer menschlichen Eltern nachahmen (Adam und Eva), sondern den vollkommenen Gehorsam unseres Herrn und Erlösers (Jesus Christus). Er ordnete sich vollständig allem unter, was Gottes Wort ihm hier auf Erden sagte – um der Freude willen, von der er wusste, dass er sie bald erleben würde (Hebräer 12,2). Wir werden dasselbe erleben, wenn wir denselben geduldigen Gehorsam an den Tag legen.

Dauerhaftes Glück

Dieser Ansatz bedeutet allerdings einiges an zeitlich begrenztem Unglücklichsein – das Beispiel von Jesus sollte uns darauf vorbereiten. Es bedeutet aber nicht, dass wir das Glück auf ewig opfern. Es wird nur verschoben, oder besser: Das uneigentliche Glück wird durch das echte, dauerhafte Glück ersetzt, das wir in Ansätzen bereits jetzt erleben können. Es geht nicht um Luftschlösser, die angeblich nach dem Tod auf uns warten. Für mich bedeutet es zwar mit großer Wahrscheinlichkeit einige weitere Küchenbodenmomente zu haben. Doch was wird mich vom Küchenboden wieder aufrichten? Das Umarmen der Wahrheit, dass das langfristige Glück, nach dem ich mich sehne, durch den Gehorsam gegenüber Gottes Wort entsteht.

Noch etwas anderes hilft mir, vom Küchenboden aufzustehen: Wenn ich sehe, dass andere Christen ein kurzfristiges Glück aus Gehorsam gegenüber Gottes Wort opfern. Ich bin am meisten ermutigt, dem zu gehorchen, was Gottes Wort über Sex sagt, wenn ich den Gehorsam sehe, der andere Christen etwas kostet, wenn sie in ganz anderen Bereichen des Lebens anderen göttlichen Geboten folgen.

Einige meiner Partner in der Mission unserer Gemeinde haben ein einfaches Leben in England dem schwierigen Leben als Missionare unter Studenten in Griechenland und Japan geopfert – im Gehorsam gegenüber dem Missionsbefehl.

Ein guter Freund war bereit, seine berufliche Reputation zu opfern, um für die Wahrheit einzutreten – aufgrund seiner Überzeugung, dass Gott möchte, dass seine Leute immer die Wahrheit sagen.

Ein anderer Freund hielt an einer Ehe fest, aus der fast jeder andere ausgestiegen wäre – weil er weiß, dass sein Gott Scheidung hasst.

Eine Kollegin schlug eine verheißungsvolle akademische Karriere aus, um für unsere Gemeinde zu arbeiten – weil sie glaubt, dass Gott sie bittet, ihre Gaben auf diese Weise einzusetzen.

Sie alle sind (vermutlich zu ihrer großen Überraschung) die Art von Menschen, die mir am stärksten das Gefühl für die Plausibilität des Lebens vermittelt haben, das ich lebe, und ich lobe Gott für sie. Sie haben die Art von Plausibilitätsstruktur aufgebaut, die ich brauche. Ohne sie fällt es mir viel schwerer, vom Küchenboden aufzustehen.

Willst du also das Leben von Christen, die eine gleichgeschlechtliche Anziehung spüren, plausibler machen? Dann mach ähnliche gegenkulturelle Dinge! Nimm dir einen Moment Zeit, die letzte große Entscheidung zu reflektieren, die du getroffen hast.

Frage dich ehrlich: Waren meine Handlungen primär von dem bestimmt, was mich hier und jetzt glücklich macht? Wenn das der Fall war, erkenne die Fehlannahme in dem Gedanken: «Wenn es mich glücklich macht, muss es richtig sein.»

Kehr um und hör auf, dein persönliches Glück als die Autorität in deinem Leben anzusehen; nimm Gottes Wort als deine Autorität an.

Erlebe das zeitlich begrenzte Unglücklichsein, das oft daraus folgt, in der gewissen Hoffnung auf das dauerhafte Glück – das Glück, das nach der Verheißung des Wortes Gottes dir letztendlich in der neuen Schöpfung zukommen wird. Für immer und ewig.

Anwendungsfrage

Wie können wir alle fortlaufend prüfen, dass unsere Entscheidungen nicht stärker durch das bestimmt werden, was wir fühlen, sondern durch das, was gemäß Gottes Wort gut für uns ist?

Kapitel 7
Die fünfte Fehlannahme: «Echte Intimität findet man nur im Sex»

Intimität heute

Ich habe mal im Internet das Wort «Intimität» gegoogelt. Die Bilder hatten zu 99 % sexuellen Inhalt. In unserer westlichen Welt ist heute Intimität = Sex. Du willst Intimität erleben? Dann brauchst du Sex. Beides ist in unserem Denken fast immer untrennbar.

Wir illustrieren das mit unserer instinktiven Interpretation von nur einem einzigen Bibelvers. Er vermittelt einen Teil einer Klage des alttestamentlichen Königs David, die er verfasste, als er vom Tod seines besten Freundes Jonathan erfuhr, des Sohnes von König Saul. Der Vers beinhaltet folgende bewegende Worte:

> Es ist mir leid um dich, mein Bruder Jonathan,
> ich habe große Freude und Wonne an dir gehabt;
> deine Liebe ist mir wundersamer gewesen,
> als Frauenliebe ist.
>
> *2. Samuel 1,26; LB*

Es scheint heute unmöglich, diese Klage zu lesen, ohne zu denken, dass David und Jonathan eine sexuelle Beziehung genossen haben müssen. Oder hast du dich etwa nicht dabei ertappt, irgendetwas Homoerotisches in diesen Worten zu riechen? Auf der Grundlage dieses Verses haben manche sogar behauptet, die Bibel heiße schwule Beziehungen gut – alles nur, weil David zu Jonathan sagt, seine Liebe zu ihm sei besser gewesen als die einer Frau. Wir können uns einfach nicht zurückhalten.

Doch was ist mit der plausibelsten Theorie, dass Jonathans einfache Freundschaft David mehr wert war als seine komplizierten Beziehungen zu Frauen? (1. Samuel 25,42–44 listet zu diesem Zeitpunkt drei Ehefrauen in Davids Leben auf.)

Warum ist es nicht möglich, dass er die nichtsexuelle Intimität seiner Freundschaft zu Jonathan (ebenfalls ein verheirateter Mann) mehr genoss als die sexuelle Intimität seiner Beziehungen zu Abigajil, Ahinoam und Michal? Warum können wir nicht schlussfolgern, dass er nicht sagt, Jonathan sei im Bett besser gewesen als seine Frauen – sondern dass Jonathans Freundschaft besser war als alles, was David im Bett mit seinen Frauen erlebte?

Es ist traurig, dass wir heute nicht mehr in der Lage zu sein scheinen, uns diese Möglichkeit vorzustellen. Unser Sexleben soll heutzutage das Beste sein, was wir erleben können. Ich meine jedoch, dass uns das mehr über unsere heutigen Beziehungen sagt als über die damalige Beziehung zwischen David und Jonathan. Wir leben in einer Gesellschaft, deren einziger Weg zu wahrer Intimität auf die Freude am Sex reduziert wurde.

Die Folgen, die das für jemanden wie mich hat, klingen ziemlich tragisch: Ich kann keine intimen Beziehungen haben, weil ich zum Sex «Nein» sage. Mein Leben wird daher einsam sein, ohne die Art von Beziehungen, die jeder zum Überleben braucht, ganz zu schweigen vom Aufblühen meines Lebens. Kein Wunder, dass viele Leute meinen, das zölibatäre Leben, für das ich mich entschieden habe, sei einfach nicht plausibel – sie denken, ich würde entweder langsam verwelken oder das zölibatäre Leben bald aufgeben (was sie bevorzugen würden).

Intimität ist wichtig

Menschen brauchen Intimität. Ohne sie sterben wir innerlich – auch wenn wir äußerlich so tun, als ob alles okay wäre, und einfach weitermachen. Gott spricht selbst ganz klar von diesem Bedürfnis (1. Mose 2,18). Pfarrerin Kate Wharton drückt das anschaulich und hilfreich wie folgt aus:

> Seit Gott erklärt hat, dass es für Adam «nicht gut» sei, allein zu sein, haben die Menschen miteinander gelebt und das Leben miteinander geteilt. Ich brauche andere Menschen in meinem Leben. Ich brauche sie, um nach einem schlechten Tag abzuladen, was mich belastet. Ich brauche sie als Mitarbeiter neben mir im Dienst. Ich brauche sie, um mit mir eine Flasche Wein zu trinken, während wir über Gott und die Welt reden und alles ins Lot bringen. Ich brauche sie, damit sie mich auf die Aspekte meines Charakters hinweisen, an denen ich arbeiten muss. Ich brauche sie, um mit mir zu feiern, wenn gute Dinge passieren. Ich brauche sie, um mit ihnen meine freien Tage und

> meinen Urlaub zu verbringen. Ich brauche sie, um eine Umarmung zu bekommen und damit ich höre, dass alles gut werden wird.[26]

Auch ich brauche Intimität auf alle diese Weisen. Also muss ich in einer intimen sexuellen Beziehung stehen, «jemand ganz Besonderen» haben. Das scheint für uns der Punkt zu sein, den sie vermitteln will. Das stimmt aber nicht. Sie ist ein Single (ohne gleichgeschlechtliche Orientierung, nur für das Protokoll!), und sie redet von dem uns allen von Gott geschenkten Bedürfnis, unser Leben in Gemeinschaft zu führen. Sie stellt den oft ignorierten Punkt heraus, dass Gottes Antwort auf das Problem der Einsamkeit des Menschen nicht bloß die sexuelle Intimität in der Ehe ist, sondern alles, was jene erste Ehe möglich machte. Aus der ersten Ehe gingen weitere Menschen hervor und damit die Möglichkeit des Lebens in Gemeinschaft. Indem Gott mir einen Partner für Sex verweigert, verweigert er mir nicht intime Beziehungen – er ermöglicht sie mir auf zahllosen anderen Wegen.

Ich habe also interessanterweise nicht das Gefühl, dass es Gott ist, der mich davon abhält, intime Beziehungen zu haben. Stattdessen werden sie mir oft von unserer Gesellschaft und unserer sexualisierten Kultur verweigert. Die Welt, in der wir leben, kommt nicht mit intimen Beziehungen klar, die nicht sexuell sind – das ergibt für sie keinen Sinn, das ist einfach nicht möglich für sie. Daher musste ich mich aus tiefer werdenden Beziehungen sowohl zu Männern als auch zu Frauen zurückziehen – und zwar aus Angst, man würde diese Beziehungen als unangemessen ansehen. Keine dieser

Beziehungen war de facto unangemessen – aber die angebliche Unmöglichkeit nichtsexueller Intimität bedeutete, dass wir uns unter Druck fühlten, die Beziehung zu beenden. Das war manchmal ganz schön schwer.

Am schwersten ist jedoch, dass auch die Kirche oft von nichtsexueller Intimität abrät. Unsere Reaktion auf die sexuelle Revolution, die vor unserer Haustür ablief, bestand leider oft nur darin, sexuelle Intimität innerhalb der christlichen Ehe zu empfehlen. Die Leute werden ermutigt, diese Intimität in diesem Rahmen zu behalten, mit dem Versprechen, das würde dann alle ihre Intimitäts-Bedürfnisse stillen, die sie je hätten. Der Journalist Andrew Sullivan drückt das wie folgt aus:

> Die christlichen Gemeinden, die einst ... die Tugend der Freundschaft als der ehelichen Liebe gleichwertig hochhielten, sind in unserer Kultur die hauptsächlichen und obsessiven Agitatoren für die eheliche Einheit und ihre Fähigkeit, alle menschlichen Mängel zu stillen und alle menschlichen Bedürfnisse zu befriedigen.[27]

Ich wünschte, ich könnte sagen, dass das nicht stimmt. Aber das tut es! Wenn unsere Gemeinden genauso viel Zeit und Energie darauf verwenden würden, gute Freundschaften zu fördern und nicht nur gute Ehen, wäre das Leben für Menschen wie mich viel einfacher. Außerdem wäre das Leben interessanterweise auch für alle anderen viel besser.

Sullivan weist später in seinem Buch auf eine tragische Folge der christlichen «Vergötterung» der Ehe hin:

> Familien und Ehen scheitern nur zu oft, weil sie versuchen, die Antwort auf zu viele menschliche Bedürfnisse zu sein. Ein Ehepartner soll ein Liebhaber sein, ein Freund, eine Mutter, ein Vater, ein Seelenverwandter, ein Kollege etc. Nur wenige Menschen können all das für einen anderen Menschen sein. Und wenn die Erwartungen zu hoch geschraubt werden, kann es nur zu Enttäuschungen kommen. Wenn Ehemänner und Ehefrauen tiefere und stärkere Freundschaften außerhalb der ehelichen Einheit haben, hat die Ehe mehr Raum zum Atmen und weniger Lasten zu tragen.[28]

Wir müssen wieder die *ganze* Bibel lesen. Wir werden dort Abschnitte finden, die uns dazu anhalten, die Ehe zu fördern und zu schützen (allein im Buch der Sprüche z. B. in Kapitel 5 und 7 sowie in 21,9). Aber wir müssen auch (vielleicht erstmals!) eine überraschende Anzahl von Abschnitten entdecken, die uns anhalten, auch Freundschaften zu fördern und zu schützen (Sprüche 17,17; 18,24; 27,5–6.9–10). Wir müssen anfangen, beides zu tun – nicht nur, damit Menschen wie ich überleben und aufblühen, sondern damit das auch unsere Ehen und Familien tun!

Intime Freundschaften

Viel Gutes wird passieren, wenn wir Intimität nicht nur in Ehen suchen, sondern auch in Freundschaften. Intime Freundschaften sind das, was mein Leben heute möglich macht. Ich habe eine Reihe von Beziehungen zu Menschen, die mich sehr gut kennen. Sie wissen das meiste von mir – das Gute, das Schlechte und das Abstoßende. Sie lieben und mögen mich, obwohl sie mich gut kennen. Ich erwidere das Kompliment, obwohl ich ähnliche Kenntnisse über sie habe.

Phil und Caroline sind zwei Freunde, ebenfalls Singles, mit denen ich Gin und Champagner trinke – aber nicht gleichzeitig! Sie lachen mit mir und über mich (eine hervorragende Kombination!). Sie gehören zu den Menschen, mit denen ich am liebsten Zeit verbringe. Ich fahre jedes Jahr in Urlaub mit ihnen und einer ganzen Gruppe weiterer Freunde, die seit über einem Jahrzehnt ihr Leben miteinander geteilt hat. Das ist eine wunderschöne Erfahrung.

Ein weiteres Beispiel ist meine Freundschaft zu Julian, Mark, Matthew und Neil. Wir haben uns auf dem Bible-College kennen gelernt. Wir saßen im Klassenzimmer immer zusammen. Wir lernten uns schrittweise näher kennen. Auf der Basis eines beängstigenden Gesprächs über die Möglichkeiten, unser Leben und unseren Dienst zu ruinieren, bildeten wir eine Gruppe, in der wir uns gegenseitig Rechenschaft ablegen. Das Ziel besteht darin, uns auf dem schmalen Weg der Nachfolge Jesu zu halten. Vor jenem Gespräch kannten wir uns nur recht oberflächlich – dreizehn Jahre später wissen wir enorm viel übereinander.

Das hat bedeutet, dass wir uns gegenseitig ziemlich intim kennen lernten. Wir teilen einander bewusst die Einzelheiten unseres Lebens mit, die man eigentlich lieber geheim hält. Doch wir profitieren alle davon, dass diese Dinge in guter christlicher Kameradschaft ans Licht kommen.

Ich habe über meine Sexualität erstmals offen und ehrlich in dieser Gruppe gesprochen. Sie haben sich im Verlaufe der Zeit als vertrauenswürdige Menschen erwiesen, denen man Dinge mitteilen kann – hauptsächlich, weil auch sie die schwierigen Dinge teilten, die sie selbst durchmachten.

Intimität bringt Intimität hervor. Wenn man einfach offen und ehrlich zu anderen Menschen ist, wird jeder ermutigt, ebenfalls etwas mitzuteilen und mitfühlend zu sein. Das hatte zur Folge, dass sie die Menschen sind, die Gott am stärksten dazu gebraucht hat, mich auf dem Weg des christlichen Glaubens zu halten. Ich könnte ihm nicht dankbarer für sie sein.

Um kurz abzuschweifen: Es ist interessant, dass der christliche Psychologe William Struthers diese Art von göttlicher männlicher Intimität als die Hauptantwort auf die aktuelle Epidemie der Pornosucht unter männlichen Gemeindemitgliedern ansieht. Seine überzeugende Theorie lautet:

> Die Mythen über Maskulinität in unserer Kultur haben Männer von anderen Männern isoliert und ihre Fähigkeit eingeschränkt, sich gegenseitig zu ehren und zu segnen. Viel zu viele Männer haben viel zu wenige intime Freunde. Ihre Freundschaften sind nur so tief wie die Dinge, die sie zusammen machen. Indem ein Mann männliche Freunde findet, mit denen er tiefere Beziehungen eingehen kann, kann dem Bedürfnis nach Intimität mit diesen männlichen Freunden auf nichtsexuelle Weise entsprochen werden.
>
> Wenn das geschieht, wird die Intensität des Bedürfnisses nach Intimität nicht durch sexuellen Verkehr mit einer Frau

> kanalisiert; dem Bedürfnis kann durch viele Beziehungen begegnet werden. Sexuelle Intimität kann mit einer Frau erlebt werden, aber Intimität als solche kann auch mit anderen Menschen erlebt werden. Nicht alle Intimität ist auf der genitalen Ebene angesiedelt. Fühlen Sie sich daher in Ihren Beziehungen zu Ihren Brüdern in Christus nicht eingeschränkt.[29]

Er vermittelt hier einen interessanten Punkt: Unser Sexualtrieb wird nicht nur durch sexuelle Intimität verringert; er kann auch durch nichtsexuelle Intimität befriedigt werden, auch durch Freundschaft.

Meine persönliche Erfahrung lautet: Die Macht der sexuellen Versuchung verringert sich, je mehr Zeit ich mit Freunden verbringe, mit denen ich nichtsexuelle intime Beziehungen pflegen kann. Das mag verrückt klingen, aber meiner Ansicht nach belegt es nur, dass wahre Intimität nicht ausschließlich im Sex zu finden ist, sondern auch in Freundschaften. Ich muss daher kein Leben ohne Intimität führen, wenn ich keinen Sex bekomme.

Für mich hat das unter anderem bedeutet, dass ich sicherstelle, dass meine Freundschaften zu Menschen beiden Geschlechts immer intimer werden – auf angemessene, also nichtsexuelle Weise.

Ich weiß, dass derart intime Freundschaften zu Menschen desselben Geschlechts für manche andere Menschen mit gleichgeschlechtlicher Orientierung zu einer größeren sexuellen Versuchung werden können. Doch wenn Ehrlichkeit und eine Rechenschaftsverpflichtung vorhanden sind, gibt es keinen Grund, dass solche Menschen Beziehungen dieser Art völlig außen vor lassen sollen.

Willst du also deinen Teil zur Bewältigung des Plausibilitätsproblems beitragen? Dann arbeite daran, dass deine Freundschaften intimer werden. Wage dieses Vertrauen. Ich vermute mal, dass das eine ziemliche Herausforderung ist. Wir sind viel zu sehr daran gewöhnt, unsere Freundschaften oberflächlich zu halten (besonders wir Männer!). Der christliche Seelsorger Paul David Tripp trifft den Nagel auf den Kopf, wenn er schreibt:

> Wir leben in miteinander verwobenen Netzwerken von total oberflächlichen Beziehungen. Wir leben in der Illusion, wir würden einander kennen, doch das ist eigentlich nicht der Fall. Wir nennen unsere lockeren, uns selbst beschützenden und oft theologisch flachen Gespräche «Gemeinschaft», aber sie erreichen oft nicht einmal die Schwelle zu wahrer Gemeinschaft. Wir kennen kalte, demografische Einzelheiten voneinander (verheiratet oder Single, Beruf, Anzahl der Kinder, Wohnort etc.), aber wir wissen nur wenig über die Glaubenskämpfe, die täglich hinter sorgfältig aufrechterhaltenen Grenzen ausgefochten werden.
>
> In seelsorgerlichen Gesprächen schockiert mich sogar nach vielen Jahren immer noch, wie wenig ich über Menschen weiß, die ich für echte Freunde gehalten habe. Ich kann Ihnen nicht sagen, wie oft ich in Gesprächen mit Freunden, die mich um Rat baten, von Einzelheiten getroffen wurde, die weit über alles hinausgingen, was ich erwar-

tet hätte. Privatismus wird nicht nur von einsamen Ungläubigen praktiziert; er grassiert auch in der Kirche.[30]

Wenn wir alle stattdessen anfangen würden, in miteinander verwobenen Netzwerken von zunehmend intimen Beziehungen zu leben, würde das Leben von uns allen sehr viel besser sein.

Intimität aufbauen

Doch wie machen wir das? Wie können wir anfangen, diese Netzwerke aufzubauen, die wir so sehr brauchen?

Erstens: Wir müssen uns Zeit für Menschen nehmen. Freundschaften werden nicht durch Gesprächshäppchen kurz vor und nach dem Gottesdienst aufgebaut, sondern wenn wir Zeit miteinander vertrödeln. Womit vertrödeln wir also unsere Zeit? Streich das, was auf dich nicht zutrifft: mit Kochen, Essen, Trinken, Abwaschen, Fernsehen, Kinder zum Spielplatz bringen, Heimwerkern, Schaufensterbummel – solche Dinge kommen mir sofort in den Sinn. Fang an, Leute einzuladen, um diese Dinge mit dir gemeinsam zu machen (das meiste davon machst du wahrscheinlich sowieso schon mit anderen zusammen). Es dauert nicht lange, bis du die Leute besser kennen lernst.

Zweitens: Fang an, deinen Freunden einige intime Dinge mitzuteilen. Vertrau ihnen deine Ängste, Zweifel, Befürchtungen und Schmerzen an; frag sie nach ihren eigenen Ängsten etc. Eine meiner besten Freundschaften entwickelte sich in einem einzigen Gespräch an einem einzigen Nachmittag. Der Freund stellte mir ein paar gute Fragen. Andere Freundschaften entwickelten sich langsam im Verlaufe der Jahre, während wir einander ehrlich die Höhen und Tiefen unseres Lebens mitteilten.

Drittens: Halte durch! Ich liebe die Beobachtung der politischen Aktivistin und Autorin Anne Lamotte: «Schutt ist der Boden, auf dem unsere tiefsten Freundschaften aufgebaut sind.»[31]

Es passiert mir immer wieder, dass ich Freundschaften vermassele und versucht bin wegzulaufen, wenn ich wieder mal Chaos angerichtet habe. Doch meine besten Freundschaften sind die, die mal implodiert sind – aber danach langsam wieder aufgebaut wurden. Freundschaften beginnen oft erst so richtig nach den ersten Streitigkeiten oder Missverständnissen und den sorgsamen, schmerzhaften Gesprächen danach.

Willst du weitere Hilfen für deine Freundschaften? Mein Freund Vaughan Roberts hat kürzlich ein kleines Buch über Freundschaft geschrieben, das zum Besten gehört, was man sich anschaffen kann.[32] Wir haben vor kurzem unsere ganze Gemeindefamilie ermutigt, das Buch zu lesen.

Auf der Basis dessen, was die Bibel zur Bedeutung von intimen Freundschaften sagt, vermittelt Vaughan in dem Buch seine eigene Einsicht in die Oberflächlichkeit vieler seiner Freundschaften, und was er daraufhin tat, um das zu ändern. Warum liest du es nicht als nächstes Buch?

Anwendungsfrage

Wie können wir alle intimere Freundschaften aufbauen?

Kapitel 8
Die sechste Fehlannahme: «Männer und Frauen sind gleich und austauschbar»

Gendergleichheit

Was stimmt an der obigen Aussage nicht? Nimm zunächst mal den ersten Teil: In der heutigen Welt versteht es sich doch wohl von selbst, dass Männer und Frauen gleich geboren werden, oder? Dass, wie die Schriftstellerin Dorothy L. Sayers es ausdrückt,

> … grundlegend gilt, dass Frauen nichts in der Welt ähnlicher sind als Männern. Sie sind Menschen.[33]

Sie korrigierte zu Recht eine Gesellschaft, in der die Unterschiede zwischen den Geschlechtern oft überbetont wurden, um eine angebliche männliche Überlegenheit und Dominanz aufrechtzuerhalten. Heute ist die Gleichheit von Mann und Frau dank der Schlachten, die Sayers und andere geschlagen haben, gesetzlich festgehalten, und sie spiegelt sich zunehmend im alltäglichen Leben wider (zumindest im Westen), wenn sie auch lange noch nicht vollkommen ist.

Alle Christen sollten sich an dieser Gleichheit und ihren biblischen Wurzeln erfreuen. 1. Mose 1 ist an dieser Stelle glasklar

– der folgende Vers ist ein starker Anwärter auf den Titel «Erster feministischer Text» der Geschichte:

> Und Gott schuf den Menschen zu seinem Bilde,
> zum Bilde Gottes schuf er ihn,
> und schuf sie als Mann und Frau.
>
> *1. Mose 1,27; LB*

Männer und Frauen sind grundlegend gleich hinsichtlich der göttlich geschenkten Würde, die sie hoch über die anderen Geschöpfe erhebt. Sie teilen die Fähigkeit, mit Gott in Beziehung zu treten, und den Auftrag, die Schöpfung an Gottes Stelle zu beherrschen. Jeder Glaube oder jedes Verhalten, das also auf der Vorstellung basiert, Männer und Frauen unterschieden sich hinsichtlich ihres Status, unterhöhlt die Grundlagen, auf denen die Menschheit gebaut ist. Gottes Wort sagt hier, dass wir gleich sind – es ist das erste Wort zum Thema und sollte auch als letztes Wort behandelt werden.

Und weil Gottes Wort Fleisch wurde, sehen wir, wie diese Gleichheit praktisch aussieht – und zwar darin, wie Jesus Frauen und Männer in seinem Dienst auf Erden behandelte: Er behandelte sie gleich. Ich liebe die Beschreibung von Sayers, wie Christus sich gegenüber Frauen verhielt:

> … es ist kein Wunder, dass Frauen die Ersten an der Krippe und die Letzten am Kreuz waren. Sie hatten nie zuvor einen Mann wie diesen gekannt – und es hat seitdem auch nie wieder so jemanden gegeben. Ein Prophet

> und Lehrer, der nie an ihnen herumnörgelte, ihnen nie schmeichelte, sie nie beschwatzte, sie nie bevormundete; der nie schelmische Witze über sie riss, sie nie entweder nach dem Motto behandelte «Hilfe, die Frauen!» oder nach dem Motto «Gott segne die Frauen!». Er wies sie ohne Verdrossenheit zurecht und lobte sie ohne Herablassung; er nahm ihre Fragen und Argumente ernst; er wies ihnen nie einfach ihren Platz zu, drängte sie nie, feminin zu sein, oder verspottete sie, weil sie feminin waren; er hatte mit ihnen kein Hühnchen zu rupfen und musste keine unsichere männliche Würde verteidigen; er nahm sie, wie sie waren, und war völlig unbefangen. Im gesamten Evangelium gibt es keine Handlung, keine Predigt, kein Gleichnis, das aus dem Grund treffend wäre, weil es auf weiblicher Verderbtheit beruhen würde; aus den Worten und Taten Jesu könnte niemand vermuten, dass dem weiblichen Wesen irgendetwas «Seltsames» anhaftet.[34]

Zwischen den Zeilen spürt man, dass Sayers ein Leben lang angesichts gottlosen männlichen Verhaltens frustriert war, was dann wundervoll mit ihrer Erfahrung des einen vollkommenen Mannes kontrastiert wird, Jesus Christus. Er behandelte Frauen als seinesgleichen in seinem vollkommenen Ausdruck des Menschseins.

Und auch der Apostel Paulus war an dieser Stelle glasklar – sowohl in der Theorie als auch in der Praxis. Hier ist also seine vielzitierte Erklärung im Galaterbrief:

> Hier ist nicht Jude noch Grieche, hier ist nicht Sklave noch Freier, hier ist nicht Mann noch Frau, denn ihr seid allesamt einer in Christus.
>
> *Galater 3,28; LB*

Es gibt aber auch seine vielgeschmähten «Haustafeln», seine Tugendlisten (siehe Epheser 5,22–33 und Kolosser 3,18–25), die gegenkulturell darauf bestanden, dass Ehemänner ihre Ehefrauen behandeln sollten, wie sich die Männer selbst behandelten – also als Menschen mit derselben Würde wie Männer. Die Bibel sieht Männer und Frauen von Beginn an als Menschen mit demselben Status an.

Daher muss die Gemeinde Jesu umkehren von den Zeiten, in denen sie die Klarheit des biblischen Zeugnisses zu diesem Thema unterhöhlt hat. Zu ihrer Schande hat es Jahrhunderte gegeben, in denen diese ganze Lehre sowohl in der Theorie als auch in der Praxis oft ignoriert wurde – zum Schaden von Generationen von Frauen. Wir haben an dieser Stelle eine düstere Vergangenheit. Und leider oft auch eine düstere Gegenwart: Ich fürchte, dass das männliche Verhalten, das Sayers mit dem Verhalten Jesu kontrastiert, heute immer noch in vielen christlichen Gemeinden zu finden ist, aber genauso auch in der Welt um uns herum.

Genderunterschiede

Männer und Frauen sind also gleich. Dieser erste Teil der Aussage sollte unbestreitbar sein. Doch es endet schlecht: Indem die Kirche das unbiblische falsche Verhalten zurechtgerückt hat, das in der Ungleichbehandlung von Männern und Frauen besteht, ist sie einer verheerenden Fehlannahme verfallen, wenn sie darauf besteht, dass die Geschlechter austauschbar seien.

Das ist eine weitere unserer Fehlannahmen, zu der wir durch die Welt um uns herum ermutigt wurden. Unsere Gesellschaft sieht die sexuellen Unterschiede zunehmend als irrelevant und Männer und Frauen als dasselbe an. Es ist egal, ob man zwei Männer zusammen im Bett hat, zwei miteinander verheiratete Frauen, Eltern desselben Geschlechts – denn was gibt es da zwischen Männern und Frauen zu unterscheiden? Wenn Männer und Frauen exakt dasselbe sind, funktioniert jede Kombination, und traditionelle Unterscheidungen gehören auf den Müll …

Doch die duale Unterscheidung wurde gleich am Anfang von Gott getroffen, der uns alle erschaffen hat. Gender ist kein soziales Konstrukt, sondern ein göttliches. Kehren wir zu 1. Mose 1 zurück:

> Und Gott schuf den Menschen zu seinem Bilde,
> zum Bilde Gottes schuf er ihn;
> und schuf sie als Mann und Frau.
>
> *1. Mose 1,27*

Wir wurden nicht exakt als dieselben erschaffen – wir wurden als Mann und als Frau erschaffen. Die Menschheit gibt es nicht im Format Unisex, sondern als zwei unterschiedliche Geschlechter. Die Bibel sagt uns, dass es echte Unterschiede und gleichzeitig die völlige Gleichheit von Mann und Frau gibt.

Was sind also die Unterschiede? Wir müssen hier vorsichtig vorgehen. Bei jedem Unterschied, den ich erwähne, wirst du sofort an eine Ausnahme denken; wir haben es hier in diesem Stadium unvermeidlich mit Verallgemeinerungen zu tun. Und es gibt einige echte sozial konstruierte Unterschiede (zum Beispiel angebliche Vorlieben für pink oder blau), auf die wir uns hier nicht konzentrieren.

Doch es gibt auch offensichtliche physische Unterschiede: die Unterschiede, die wir üblicherweise benutzen, um herauszufinden, ob jemand männlich oder weiblich ist; die Merkmale, die oft im Fokus des sexuellen Begehrens des anderen Geschlechts stehen. Wir reden von unterschiedlichen Körperformen, Haarverteilung (aus Mangel an einem besseren Begriff!) und Genitalien. Und es gibt natürlich auch die inneren Unterschiede – unterschiedliche Körperorgane und einige Größenunterschiede in bestimmten Strukturen des männlichen und weiblichen Gehirns.

All dies führt unweigerlich zu ganz unterschiedlichem Denken und Verhalten. Im Widerstreit mit den feministischen Programmen der 1970er und 1980er Jahre wurde der Autor des Buches *Männer sind vom Mars, Frauen von der Venus* (1992) dadurch reich, dass er darauf hinwies, wie radikal unterschiedlich männliche und weibliche Haltungen und Handlungen immer noch sein können.

Wir müssen an dieser Stelle aber nicht einem umstrittenen Populärpsychologen vertrauen. Im Verlaufe der gesamten Geschichte wurde immer wieder derselbe Punkt herausgestellt: in Büchern (z. B. *Stolz und Vorurteil)*, in Schauspielen (z. B. «Viel

Lärm um nichts»), in Fernsehserien (z. B. «Friends») – als ob das tägliche Wechselspiel zwischen den Geschlechtern nicht ausreichen würde.

Es gibt also unleugbare physische und psychologische Unterschiede zwischen Männern und Frauen. Wir sind nicht exakt dieselben. Obwohl wir mit Recht auf der Gleichheit aller Männer und Frauen bestehen, liegen wir schief, wenn wir meinen, dass wir alle exakt dieselben und daher austauschbar sind.

Wo stehen wir damit nun? Sollen wir sagen, Männer und Frauen seien «gleich, aber unterschiedlich»? Dieser Slogan ruft unglückliche Echos aus der Zeit der Apartheid in Südafrika wach. Doch es ist wesentlich, was Gottes Wort lehrt – und was das menschliche Leben zeigt. Vielleicht könnten wir sagen, dass wir «unterschiedlich beschaffen sind, aber denselben Status genießen», aber das hört sich wie eine Formulierung an, die aus einer degenerativen Politik stammt. Bleiben wir also bei «gleich, aber unterschiedlich», bis jemand eine bessere Zusammenfassung der biblischen Lehre vorschlägt. Antworten bitte per Postkarte einsenden.

Untersuchung der Unterschiede

Doch warum gibt es die Unterschiede? Diese Frage verdient mehr Aufmerksamkeit. Es reicht nicht, einfach einen besseren Slogan in den Ring zu werfen. Bei all dem Druck, Frauen und Männer als exakt dasselbe anzusehen (trotz aller Belege des Gegenteils), würde es unserer Sache helfen, genau zu wissen, warum wir dafür kämpfen wollen, dass der offensichtliche Unterschied zwischen den Geschlechtern beibehalten und der Austauschbarkeit entgegengewirkt wird.

Das Problem besteht an dieser Stelle darin, dass viele der traditionellen Antworten der Gemeinde Jesu auf diese Frage pastoral katastrophal und – noch wichtiger – biblisch nicht überzeugend sind. Die meisten Antworten müssen mehr Gewicht tragen, als sie können, aber sie enthalten durchaus ein Körnchen Wahrheit.

So hat die Mehrheit im Laufe der Kirchengeschichte gesagt, der Grund für den sexuellen Unterschied sei die Fortpflanzung. Gott habe die beiden Geschlechter hauptsächlich erschaffen, damit es Kinder geben konnte.

Die Naturwissenschaften sind nun zwar nie meine Stärke gewesen, aber anscheinend gibt es sowohl starke biologische als auch theologische Argumente für diese Sicht. Auf 1. Mose 1,27 (die Erschaffung der beiden Geschlechter) folgt unmittelbar der Auftrag Gottes an die Geschlechter, Sex zu haben und sich fortzupflanzen. Der sexuelle Unterschied ist ein wesentlicher Faktor für das Überleben und Aufblühen der Menschheit.

Die Aussage, dies sei der Hauptgrund für den sexuellen Unterschied, ist allerdings theologisch problematisch. Im Neuen Testament gibt es beispielsweise die Betonung der Bedeutung deiner «geistlichen Nachkommenschaft» im Unterschied zu deinem biologischen Stammbaum. Das ist ein Trost in einer Welt, in der viele unfruchtbar sind oder aus anderen Gründen nie Kinder haben werden. Seelsorgerlich gesehen ist es offensichtlich hilfreich, wenn man einer Frau, die Single ist, oder einem Mann, der unfruchtbar ist, sagen kann, dass sie nicht das Einzige verpasst haben, wozu sie als Frau oder Mann erschaffen worden sind.

Ist der Hauptgrund also stattdessen Gemeinschaft und Kameradschaft? Dies ist zu einer zunehmend beliebten Erklärung geworden, mit einer anscheinend biblischen Berechtigung aus Versen wie 1. Mose 2,18. Hier scheint Gott Eva für Adam zu erschaffen, nur um das Problem der Einsamkeit des ersten Mannes zu lösen. Ihre Erscheinung und ihre Ehe vervollständigen ihn – alle seine Bedürfnisse werden befriedigt, als er seiner «anderen Hälfte» begegnet. Der sexuelle Unterschied erlaubt es zwei Menschen, zusammenzukommen und sich gegenseitig zu vervollständigen.

Doch auch das ist in einer Welt problematisch, in der es vielen schwerfällt, ihre andere Hälfte zu finden und dieses Gefühl der Vervollständigung zu erleben. Und viele haben anscheinend ihre andere Hälfte gefunden – und erleben dieses Gefühl trotzdem nicht!

Der sexuelle Unterschied erschuf offensichtlich die Möglichkeit der Gemeinschaft für den ersten Mann – sowohl mit Eva als auch mit den Kindern, welche die beiden in die Welt setzten. Doch aufgrund dieser ersten sexuellen Vereinigung stehen der Menschheit nun andere Arten von Gemeinschaft in vielen verschiedenen Kontexten offen. Gemeinschaft und Kameradschaft sind möglich, ohne dass man eine einzige Person des anderen Geschlechts findet, die uns vervollständigt.

Ein anderer Hauptgrund für den sexuellen Unterschied besteht anderen Stimmen zufolge in der Differenz zwischen den von Gott gegebenen Rollen, die Frauen und Männern zugedacht sind. Ich persönlich glaube, dass Gott den Geschlechtern sowohl in der Gemeinde als auch in der Familie unterschiedliche Rollen zugedacht hat, aber ich bin dennoch nicht der Ansicht, dass dies die Hauptantriebskraft hinter dem sexuellen Unterschied ist, und ich würde nicht wollen, dass man so eine wichtige Wahrheit auf einer derart umstrittenen Grundlage aufbaut.

Also bleibt immer noch die Frage: Warum die Unterschiede? Was ist der Hauptgrund, aus dem wir alle – mit ganz wenigen Ausnahmen – entweder als Mann oder als Frau erschaffen wurden?

Gottes Liebe begreifen

Die überwältigend überzeugende Antwort der Bibel lautet: um uns zu helfen, das leidenschaftliche Wesen der Liebe Gottes zu seinen Menschen zu begreifen. Der katholische geistliche Lehrer Christopher West schreibt:

> Gott erschuf uns als sexuelle Wesen – als Männer und Frauen mit einem Verlangen nach Vereinigung –, um dadurch die Geschichte seiner Liebe für uns zu erzählen. Aus biblischer Sicht ist die Erfüllung der Liebe zwischen den Geschlechtern eine große Vorahnung von etwas, das ziemlich wörtlich «nicht von dieser Welt» ist – die unendliche Glückseligkeit und Ekstase, die uns im Himmel erwartet.[35]

Gott erschuf die beiden Geschlechter – und Sex – in dieser Welt als Trailer, als Vorschau auf das Leben in der kommenden Welt. Er will uns helfen, die Kraft seiner Liebe für uns im Hier und Jetzt zu verstehen – und den Genuss, den wir erfahren dürfen, wenn wir mit ihm in seiner neuen Schöpfung nach der Erneuerung von Himmel und Erde leben werden. So, wie Regisseure romantische Szenen in ihre Trailer hineinnehmen, um uns zu bewegen, den *ganzen* Film zu sehen, so hat Gott Sex auf diesen Planeten gebracht, um uns dazu zu bewegen, dass wir in den Himmel gelangen wollen.

Wirklich? Betrachte einen Moment, wie prominent die Themen Ehe und Sex in der ganzen Bibel zu finden sind – und wie oft sie als Bild für Gottes Liebe zu seinen Menschen gebraucht werden. Der Anfang und das Ende der Heiligen Schrift helfen, diesen Punkt zu etablieren: Das ganze Buch beginnt mit der Ehe zwischen einem Mann und einer Frau und ihrer Vollziehung (1. Mose 1–2). Und die großartige Erzählung der Bibel endet mit der Hochzeit eines Bräutigams und seiner Braut und deren Vollzug (Offenbarung 21–22).

Die erste menschliche Ehe und alle nachfolgenden bestehen, um uns darauf zu verweisen, wie alles enden wird: mit der ewigen Hochzeit des göttlichen Bräutigams (Gott in Christus) und seiner erwählten menschlichen Braut (dem Volk Gottes). Die ganze Menschheitsgeschichte ist bloß der Weg zum Altar! …

Scheint all dies etwas weit hergeholt zu sein? Dann erinnere dich daran, wie oft die Bibel das Bild von der Ehe zwischen einem Mann und einer Frau benutzt, um über die Wirklichkeit der Liebe Gottes für sein Volk zu reden. Lies Hesekiel 16 und Hosea 1–3, um zu sehen, dass Gott die menschliche Erfahrung einer heterosexuellen Ehe provokativ benutzt, um seinem Volk zu helfen, das Entsetzliche ihrer Untreue gegenüber ihm im Lichte seiner beständigen Liebe für sie zu begreifen. Der geistliche Ehebruch des Volkes Gottes ist die kraftvollste Illustration, welche die Propheten Gottes je benutzten, um dem Volk zu helfen, ihre Sünde und den Schmerz, den ihre Sünde ihrem betrogenen Gott bereitet, zu begreifen.

Im Alten Testament finden wir auch das Hohelied, das über weite Strecken der Kirchengeschichte als Liebeslied der Minne zwischen Gott und seinem Volk gelesen wurde, was es durchaus auch ist. In neuerer Zeit wird es tendenziell eher auf die Liebe und Romantik zwischen den Geschlechtern bezogen (was ebenfalls eine gültige Anwendung ist), doch es geht hauptsächlich um Gottes Liebe zu uns. Wir sollten von der sexuellen Leidenschaft, die dort (in beiden Fällen) vorkommt, nicht peinlich berührt sein und daraus ableiten, es gehe hier eher um die menschliche Liebe.

Im gesamten Alten Testament scheint Gott nicht zu zögern, seine Liebe zu seinem Volk unter Verwendung sexueller Begriffe zu beschreiben. In der Tat scheint er absichtlich eine sexuelle Sprache zu verwenden. Er weiß, dass die volle Kraft seiner Liebe zu uns am wirkungsvollsten mit Hilfe dieser Sprache vermittelt wird, weil wir eben sexuelle Wesen sind.

All das bereitet den Weg für Jesus vor (wie immer im Alten Testament) und für die Beschreibung Jesu als Bräutigam des Volkes Gottes, die Johannes der Täufer liefert (Johannes

3,28–29). Jesus verwendet diesen Begriff auch, um sich selbst zu beschreiben (Matthäus 9,15).

Diese Vorstellung wird dann von Paulus in dem berühmten Abschnitt Epheser 5 weiterentwickelt. Dort zeigt er, wie die eheliche Beziehung zwischen Ehemann und Ehefrau auf der Vorlage der ähnlichen Beziehung zwischen Christus und seiner Gemeinde basiert. In der Theologie von Paulus sind diese beiden Beziehungen derart eng miteinander verwoben, dass Paulus 1. Mose 2,24 zitiert und den Vers nicht nur in seiner Anwendung auf die menschliche Ehe versteht (was man erwarten würde), sondern auch auf die «Ehe» zwischen Gottes Sohn und Gottes Volk.

Diese ganze biblische Theologie wird dann natürlich auf wunderbare Weise in der Offenbarung zusammengeführt, wenn das Lamm (Jesus) und seine Braut (Gottes Volk der gesamten Geschichte) Hochzeit feiern, siehe die Kapitel 19, 21 und 22. Dies wird als Vollendung des Planes und der Absichten Gottes mit seinem Volk präsentiert: Es ist die großartige Hochzeit, auf die uns alle anderen vorbereitet haben.

N. T. Wright, angesehener Professor für Neues Testament und die Geschichte des Urchristentums, äußerte sich zur Bedeutsamkeit all dieser Zusammenhänge einmal folgendermaßen:

> Die letzte Szene in der Bibel ist der neue Himmel und die neue Erde, und das Symbol dafür ist die Hochzeit von Christus und der Gemeinde. Das sagen nicht bloß ein oder zwei hier oder da verstreute Verse. Eine gesamte Erzählung sagt das, die mit dieser Komplementarität arbeitet, so dass

> die Ehe zwischen Mann und Frau als Hinweisschild oder Signal fungiert, das auf das Gutsein der ursprünglichen Schöpfung und auf Gottes Absicht mit dem letztendlich neuen Himmel und der neuen Erde hinweist.[36]

Verstehst du den Punkt, den Wright aus dieser ganzen biblischen Bildersprache ableitet? Die Ehe zwischen Mann und Frau – jene komplementäre Vereinigung der sexuellen Unterschiede – steht im Zentrum der gesamten Art und Weise, auf die Gott seinen Plan für das Universum von Anfang bis in Ewigkeit aufgezogen hat. Wenn man also die einzelnen Bestandteile verändert (ein Mann und eine Frau), kommt man dem Ziel in die Quere, auf das die Welt laut Gottes Plan zugeht – auf die Einheit in Unterschiedlichkeit, die Vereinigung von Göttlichem und Menschlichem in der himmlischen Hochzeit.

Das ist der Grund, warum die Ehe oft als Sakrament definiert wird (wie die Taufe und das Abendmahl), also als irdische Repräsentation einer geistlichen Wirklichkeit. Sie ist ein von Gott gemaltes Bild, das uns auf die größere Wirklichkeit hinweist, und ihre konstitutiven Bestandteile können daher nicht ausgetauscht werden.

Man würde mit Recht nicht in Betracht ziehen, das Wasser der Taufe (mit allem, was es symbolisiert) gegen eine andere Flüssigkeit auszutauschen. Das Abendmahl würde all das, was es symbolisieren soll, nicht korrekt repräsentieren, wenn der Wein durch Cola und das Brot durch Pommes Frites ausgetauscht werden würde.

Somit können wir auch nicht die Ehe anders definieren außer

als dauerhafte sexuelle Einheit eines Mannes und einer Frau, ohne dass wir damit ihren zentralen Zweck unterhöhlen würden: uns auf die leidenschaftliche Vollendung der Liebe Gottes zu seinem Volk hinzuweisen.

Im Bewusstsein all dieser Dinge ist mein Lieblingsmoment bei jeder Hochzeit der Moment, in dem der Bräutigam am Altar steht, den Gang zur Tür hinunterblickt und sieht, wie seine Braut auf ihn zuschreitet. Dieser Moment erinnert mich daran, wie Jesus den Gang der Geschichte entlang auf seine Gemeinde hinunterblickt, und zwar mit demselben Ausdruck der Liebe in seinem Gesicht.

Wenn jener Blick mit einem Blick zwischen zwei Männern oder zwei Frauen ausgetauscht werden würde, würde das implizieren, dass Jesu Rolle von jedem von uns eingenommen werden könnte – dass es keinen wesentlichen Unterschied zwischen Gott und seinem Volk geben würde. Das ist jedoch nicht der Fall – und daher ist dieser Austausch nicht möglich. So wichtig ist der sexuelle Unterschied.

C. S. Lewis ist auch hier wieder einmal eine Hilfe, obwohl er im folgenden Zitat zu einer anderen umstrittenen Sache Stellung nimmt (zur Ordination von Frauen zu anglikanischen Priesterinnen):

> Diese Art von Gleichheit, bei der Gleiches austauschbar ist (wie Zählwerke oder Maschinen desselben Typs), gehört in den Bereich menschlicher Erfindungen; hier ist sie durchaus erlaubt und kann sogar sehr nützlich sein. Aber in der Kirche kehren wir allen menschlichen Erfindungen den Rü-

> cken. Es hat seinen Grund, dass die Geschlechter verschieden geschaffen wurden: Sie sollen uns symbolhaft die verborgenen Dinge Gottes vor Augen führen. Und so soll die Ehe das Einssein von Christus mit der Gemeinde darstellen. Gott hat lebendige, verheißungsvolle Zeichen auf die Leinwand unserer Natur gemalt; es steht uns nicht zu, sie zu nehmen und nach Belieben ineinander umzuwandeln, als wären es bloße geometrische Figuren.[37]

Seine Worte sprechen mit noch größerer Wirkung und Relevanz zum Streit um die gleichgeschlechtliche Ehe. Männer und Frauen sind gleich (wir können das nicht oft genug wiederholen), aber sie sind nicht exakt dasselbe und nicht austauschbar – sie sind unterschiedlich, und das ist theologisch sehr bedeutsam. Unsere Sicht von der Moralität der gleichgeschlechtlichen Verbindungen muss auf dieser Art von solider biblischer Anthropologie basieren.

Mit dem Unterschied leben

Doch natürlich ist all dies für mich und die Tausenden von anderen christlichen Männern und Frauen, die mir ähnlich sind, sehr schmerzhaft. Wir würden so gerne einen Menschen unseres Geschlechts heiraten. Wir wünschten, wir könnten das Wesen der Ehe ändern. Wie kommen wir mit dieser deutlichen Botschaft von der Bedeutung des sexuellen Unterschiedes klar, wenn wir danach begehren, Sex mit jemandem von unserem eigenen Geschlecht zu haben?

Für Menschen wie mich führt diese Botschaft doch sicherlich zu nichts anderem als einer negativen Sicht vom sexuellen Unterschied und von unserer Sexualität, oder? Nicht unbedingt! Ich denke, dass uns an dieser Stelle der katholische Gelehrte Christopher Roberts helfen kann:

> Der sexuelle Unterschied … ist die einzige Differenzierung, die jeden betrifft. Menschen können sich gegen diese Differenz sperren, und unser Leben kann auf diesem Gebiet von Sünde und Unvollkommenheit getrübt sein. Doch letztendlich hängt unser eigenes Menschsein davon ab, Lebensweisen zu finden, die auf Dankbarkeit für ebenjene Art zu leben basieren. Um zu sein, was wir sind, brauchen wir Lebensweisen, die Gott dafür danken, dass er uns als Mann oder Frau erschaffen hat. Es gehören viele Dinge dazu, um vollständig Mensch zu sein und Jesus treu zu folgen, doch zu diesen Dingen muss irgendeine Art gehören, den sexuellen Unterschied zu schätzen.[38]

Ich muss irgendwie begrüßen, was die Bibel über die Bedeutung des sexuellen Unterschieds lehrt, trotz der Einschränkungen, mit denen diese Lehre den von mir bevorzugten Ausdruck der Sexualität belegt. Ich muss Sexualität als eine gute Sache ansehen, auch wenn Gott mir verbietet, mein Verlangen in einer sexuellen Beziehung zu einem anderen Mann auszuleben. Wie kann ich das schaffen? Indem ich glaube, dass dies tatsächlich gut für mich ist, wie alles, was Gott mir sagt. (Erinnerst du dich noch an Psalm 19?).

Ein paar Wege (es gibt viele weitere), auf denen ich dieses Gutsein begreifen und positiv über meine Sexualität denken kann, sind mir in letzter Zeit vorgeschlagen worden.

Ein Weg ist schlicht die einfache Erkenntnis, dass der sexuelle Unterschied heterosexuelle eheliche Beziehungen schwieriger, aber auch besser macht. Melinda Selmys ist eine Christin mit gleichgeschlechtlicher Orientierung, die in der Vergangenheit eine sexuelle Beziehung zu einer Frau hatte und heute mit einem Mann verheiratet ist und Kinder hat. Sie schreibt einsichtsreich:

> Die Ehe funktioniert wegen, nicht trotz der Spannungen zwischen den Geschlechtern. Das Maskuline und das Feminine haben ihre jeweiligen Laster und Stärken. Die Schwierigkeit einer Verbindung zwischen zwei Männern oder zwei Frauen besteht darin, dass sie einander zu gut verstehen und daher dazu neigen, mehr zu entschuldigen, als zu vergeben. Jene offene Verwirrung, die in jeder heterosexuellen Beziehung unvermeidlich vorkommt («Warum um alles in der Welt tut er das? Ich versteh das nicht …»), kam in all den Jahren, in denen ich mit meiner Freundin zusammen war, niemals vor – was nur natürlich ist. Wir waren beide Frauen und wählten uns gegenseitig, weil wir besonders kompatible Frauen zu sein schienen.[39]

Wenn du nicht ein anderes Geschlecht hast als dein Ehepartner, fehlt etwas von der Spannung, die eine gute Ehe ausmacht. Deine geschlechtsspezifischen Ähnlichkeiten (trotz der anderen menschlichen Unterschiede) unterhöhlen die Einheit in der Unterschiedlichkeit, um die sich die Ehe drehen soll. Ohne diese Spannung ist die Ehe nicht so gut wie eine echte Ehe zwischen Mann und Frau. Gott möchte aber, dass seine Leute das bekommen, was das Beste für sie ist – daher sein Verbot gleichgeschlechtlicher sexueller Beziehungen.

Dann kann aber meine Sexualität als gleichgeschlechtlich empfindender Mensch nichts weiter als ein negativer Aspekt meines Lebens sein – wenn für mich keine Aussicht besteht, dass ich mich genug verändere, um in der Lage zu sein, eine heterosexuelle Ehe zu vollziehen, oder? Nicht, wenn ich den folgenden wertvollen Worten von Pastor John Piper Aufmerksamkeit schenke:

> Der ultimative Grund (nicht der einzige), warum wir sexuelle Wesen sind, besteht darin, Gott tiefer erkennbar zu machen. Die Sprache und Bilder für die Sexualität sind die anschaulichsten und kraftvollsten, welche die Bibel verwendet, um die Beziehung zwischen Gott und seinem Volk zu beschreiben – sowohl im positiven Sinne (wenn wir treu sind), als auch im negativen Sinne (wenn wir untreu sind).[40]

Ich habe Gottes Liebe zu mir am besten begriffen, wenn ich sie in Verbindung zur Liebe eines Mannes zu seiner Frau gesehen habe, wenn ich Abschnitte wie Hesekiel 16 gelesen und die volle Leidenschaft seiner Liebe zu mir gespürt habe. Meine Sexualität hat mir erlaubt, die unglaubliche Kraft der sexuellen Sprache zu verstehen und wertzuschätzen, die Gott dort und andernorts verwendet, um das leidenschaftliche Wesen seiner Liebe zu Menschen wie mir zu vermitteln!

Meine Sexualität vermag nicht, mich in eine liebevolle Ehe zu führen, aber sie führt mich stetig in eine größere Wertschätzung der Liebe Gottes zu mir in Christus. Das ist einer der vielen Gründe, warum ich für meine Sexualität zutiefst dankbar bin.

Den Unterschied erklären

Das alles bedeutet, dass die Gemeinde Jesu heute vor einer großen Herausforderung steht: Sie muss gleichzeitig die Gleichheit der beiden Geschlechter und die Unterschiede artikulieren. Dann muss sie die Bedeutung dieser Unterschiede erklären und warum wir sie beibehalten müssen.

Dies ist eine Herausforderung, der wir gerecht werden müssen, wenn wir wirklich wollen, dass das, was Gott über Sexualität sagt, heute sowohl gut als auch plausibel klingt. Die Pastoren unserer Gemeinden müssen dabei die Führung übernehmen, aber sie werden dazu wahrscheinlich nur den Mut haben, wenn du sie ermutigst.

Bitte also deinen Pastor um Lehre und Diskussion zu all diesen Dingen in einem geeigneten Kontext. Wir werden alle davon profitieren. Bis dahin kannst du ja schon mal selbst zur Bibel greifen und einen der Abschnitte lesen, die über die Hochzeit Gottes (in Christus) mit der Gemeinde sprechen, und dich an der leidenschaftlichen Intensität seiner Liebe zu uns erwärmen.

Wir sind die Protagonisten der großartigsten Liebesgeschichte, die je erzählt wurde. Hierbei handelt es sich tatsächlich um eine wahre Geschichte. Und diese Liebe wird ewig bestehen.

Anwendungsfrage

Wie können wir besser erklären, dass der sexuelle Unterschied in der Vereinigung der Ehe notwendig ist?

Kapitel 9
Die siebte Fehlannahme: «Gottgefälligkeit ist Heterosexualität»

Schwulsein verhindern

Ich nahm vor kurzem an einer Podiumsdiskussion über gleichgeschlechtliche Orientierung an einer großen christlichen Konferenz teil. Eine Frage, die mir gestellt wurde, war eine nur schwach verhüllte Version der einzigen Frage, welche viele christliche Eltern mir am vordringlichsten stellen wollen: «Wie kann ich verhindern, dass mein Kind eine gleichgeschlechtliche Orientierung entwickelt?» Oder: «Wie kann ich verhindern, dass mein Kind wie du wird?» (Allerdings hatte niemand den Mut, die Frage in dieser Form zu stellen.)

Das ist eine aufschlussreiche Frage. Dass sie mir so oft gestellt wird (normalerweise ziemlich direkt), zeigt, wie groß unter Christen die Angst davor verbreitet ist, ein Kind aufzuziehen, das sich sexuell zu Menschen desselben Geschlechts hingezogen fühlen könnte.

Das wäre etwas, das sie nicht so gerne im nächsten Weihnachtsrundbrief veröffentlichen wollen – weder offen noch durch das, was ungesagt bleibt. Die große Hoffnung besteht darin, dass sie über glückliche Ehen, viele Enkel und weitergehende Mitarbeit in einer guten christlichen Gemeinde berichten können. Sie wollen stattdessen *nicht* erzählen, dass ihr Kind schwul bzw. lesbisch ist, dass es keine Enkel geben wird (zumindest nicht auf konventionelle Weise) und dass ihr Sohn oder ihre Tochter jetzt Teil einer Gemeinde ist, die pro LGBT[41] ist (wenn sie denn überhaupt noch Teil irgendeiner Gemeinde sind).

Man will von mir ein paar einfache Tipps vernehmen, die sie umsetzen können, um zu verhindern, dass das passiert – zum Beispiel ihren kleinen Sohn davon abhalten, mit der Puppenstube der Schwester zu spielen, und jene Schwester davon abbringen, Fußball zu spielen, wenn sie älter wird.

Warum gibt es diese Paranoia (ein Wort, das die christlichen Eltern tatsächlich benutzten, als sie mir diese Frage stellten)? Der Grund besteht darin, dass in den christlichen Gemeinden Gottgefälligkeit mit Heterosexualität gleichgesetzt wird und niemand wirklich begreifen kann, wie eine gleichgeschlechtliche Orientierung und Gottgefälligkeit je zusammen existieren können.

Wenn du also möchtest, dass dein Kind gottgefällig ist, musst du alles in deiner Macht Stehende tun, um sicherzustellen, dass es heterosexuell ist. Und wenn dein Kind beginnt, eine gleichgeschlechtliche Orientierung zu entwickeln, musst du natürlich alles daran setzen, das – so schnell es geht – zu verändern.

Das alles erklärt, wie viel Zeit, Anstrengung und Geld einige christliche Gemeinden in eine Seelsorge investiert haben, die eine dauerhafte Veränderung der Sexualität eines Menschen verspricht. Viele gleichgeschlechtlich empfindende Kinder christlicher Eltern wurden für eine wiederherstellende Therapie angemeldet oder zu Kursen geschickt, die sie von ihrer gleichgeschlechtlichen Orientierung «heilen» sollten. Die Kinder (und manchmal die Eltern) haben dann oft den christlichen Glauben aufgegeben, wenn diese Versuche fehlgeschlagen sind. Wenn Gottgefälligkeit gleich Heterosexualität ist, warum soll man dann Christ sein, wenn man nicht heterosexuell ist?

Es ist tragisch, dass in den Köpfen der Leute diese Verbindung hergestellt wurde. Ich verstehe allerdings, warum: Es ist eine Verbindung, die auch in meinem eigenen Denken ganz oft sehr dominant war. Wenn Heterosexualität Gottgefälligkeit ist, besteht die größte Veränderung, die ich in meinem Leben brauche, darin, heterosexuell zu werden. Daher habe ich intensiv gebetet und intensiv nach einem Gegenmittel gegen meine gleichgeschlechtliche Orientierung gesucht. In meinem Leben war das Streben nach Heiligkeit fast immer gleichbedeutend mit dem Streben nach Heterosexualität.

Die Antwort einer anderen Person bei der Podiumsdiskussion auf der erwähnten Konferenz war daher eine enorme Hilfe für mich – und ich hoffe, für alle anderen Zuhörer ebenfalls. Er war ein heterosexueller Pastor, der die Selbsthilfegruppe der Gemeindemitglieder mit gleichgeschlechtlicher Orientierung leitete. Er war außerdem ein verheirateter Vater von zwei Söhnen. Er sagte in etwa Folgendes:

«Wir wollen hauptsächlich, dass unsere Söhne als gottgefällige und reife Christen aufwachsen. Einige der gottgefälligsten und reifsten Christen, die wir kennen, sind Christen mit gleichgeschlechtlicher Orientierung. Warum sollten wir also so viel Angst davor haben, dass sie mit gleichgeschlechtlicher Orientierung aufwachsen?»

Ich war von dieser Antwort völlig verblüfft (ich denke, das ist hier nicht zu viel gesagt). Diese Aussage zerstörte endlich meine Fehlannahme, dass gleichgeschlechtliche Orientierung und Gottgefälligkeit wie Wasser und Öl sind und sich also nie vermischen und vertragen. Ich erinnerte mich plötzlich, dass einige der gottgefälligsten Menschen, die ich je kennen gelernt habe, diejenigen waren, die ebenfalls eine gleichgeschlechtliche Orientierung erlebt haben.

Einer der christlichen Leiter, dessen Gottgefälligkeit ich sehr respektiere, ist in der Tat *durch* den Kampf mit seinen gleichgeschlechtlichen Empfindungen zu dem gottgefälligen Menschen geworden, der er ist. Ich hatte nur noch nie gehört, dass jemand diese Verbindung derart offenkundig und bewegend hergestellt hatte wie dort auf jener Podiumsdiskussion.

Wie man Gottgefälligkeit fördert

Das Podiumsmitglied ist allerdings Teil eines Elternpaares, das sich für ihre Kinder das Richtige wünscht – Gottgefälligkeit, nicht Heterosexualität. Ich bin mir sicher, dass das nicht heißt, dass er dafür betet, dass seine Söhne eine gleichgeschlechtliche Orientierung bekommen; verständlicherweise möchte er nicht, dass sie meine Küchenbodenmomente erleben müssen. Seine Antwort zeigte jedoch, dass er das hatte, was uns allen in unserer

Reaktion auf das Evangelium der Gnade am Herzen liegen sollte – Christusähnlichkeit. Wie Jesus zu sein – das ist die wahre Definition von Gottgefälligkeit.

Mit Leidenschaft will Paulus für die Gemeinde in Ephesus, dass sie widerspiegelt, was die dortigen Christen jetzt in Jesus sind. Er sagt zu Christen wie uns: Weil ihr jetzt alle in Jesus seid (Kapitel 1–3), sollt ihr wie Jesus sein (Kapitel 4–6). Hier nur ein Beispiel vom Beginn des fünften Kapitels:

> Nehmt euch daher Gott selbst zum Vorbild; ihr seid doch seine geliebten Kinder! Konkret heißt das: Alles, was ihr tut, soll von der Liebe bestimmt sein. Denn auch Christus hat uns seine Liebe erwiesen und hat sein Leben für uns hingegeben wie eine Opfergabe, deren Duft vom Altar zu Gott aufsteigt und an der er Freude hat.
>
> *Epheser 5,1–2; NGÜ*

Als Kinder Gottes (das ist unser neuer Status in Jesus) sollen wir ihn nachahmen, sollen wir wie er lieben – auf dieselbe Art, die Jesus dazu brachte, sich selbst an unserer Stelle am Kreuz zu opfern. Das ist die Art von Liebe, die er personifizierte und die er für uns in der Menschheitsgeschichte machtvoll demonstrierte.

All dies wendet Paulus dann interessanterweise als Nächstes auf die Sexualethik an. Wahre, Christus ähnliche, sich selbst hingebende Liebe bedeutet, zu jeder sexuellen Handlung außerhalb der Ehe «Nein!» zu sagen (Epheser 5,3). Es bedeutet auch, eine ganze Reihe anderer Haltungen und Handlungen aufzugeben. Entscheidend ist jedoch, dass der Ruf zur sexuellen Reinheit der Gottgefälligkeit untergeordnet ist; sexuelle Reinheit ist nicht *die* Definition der Gottgefälligkeit.

Ich habe es nötig, das zu hören. Ich vermute, du auch. Wenn wir in Höchstform sind, begreifen wir das. Oftmals zeigen wir jedoch, dass wir es vergessen haben. Daher müssen wir wahrscheinlich alle von der Einsicht der Anthropologin Jenell Williams Paris korrigiert werden. Sie schreibt:

> Das «Ziel» eines heiligen Lebens ist es, Christus ähnlich zu sein. Im Blick auf sexuelle Heiligkeit wird das Ziel oft fälschlicherweise als eine Lebensstation (heterosexuelle Ehe) dargestellt, nicht als Lebensqualität (Christusähnlichkeit).[42]

Diese Worte sind unglaublich hilfreich für mich. Gott möchte hauptsächlich, dass ich Jesus ähnlicher werde, nicht, dass ich eine Frau heirate. Wenn ich Letzteres also nicht kann, heißt das nicht, dass ich keine Fortschritte in Ersterem mache.

Was hat mich oft fast dazu gebracht, mein christliches Leben aufzugeben? Mein mangelnder Fortschritt in dem Versuch, heterosexuell zu werden. Ich habe mich nie sexuell zu einer Frau hingezogen gefühlt. Doch immer wieder hat es kurze Phasen gegeben, in denen ich mich nicht sexuell zu einem Mann hingezogen gefühlt habe, und in diesen Phasen flammte die Hoffnung auf, heterosexuell zu werden – nur, um in dieser Hoffnung dann enttäuscht zu werden, wenn mein Typ von gutaussehendem Mann auf dem Bildschirm oder in meinem realen Leben auftauchte.

Das führte dazu, dass ich immer wieder das Gefühl hatte, ich würde als Christ keine Fortschritte machen – weil ich immer noch mit denselben falschen sexuellen Begierden kämpfte, mit denen ich schon rang, als ich sechzehn war. In diesen Momenten hat es sich am wenigsten plausibel angefühlt, Christ zu bleiben. Das Gefühl, dass du seit zwanzig Jahren keine Fortschritte vorzuweisen hast, hat zur Folge, dass du nicht mehr weitermachen willst.

Die Haltung, dass Gottgefälligkeit Heterosexualität ist, ist eine sehr gefährliche. Sie ist für Menschen wie mich geistlich lebensbedrohend. Wir müssen dieser Haltung, wenn sie aufkommt, immer den Wind aus den Segeln nehmen. Im Einklang mit der Bibel müssen wir stattdessen reifes Christsein am Maßstab der Christusähnlichkeit messen. Natürlich gehört dazu, sexuelle Reinheit im Blick zu behalten, doch wir müssen auch unsere Gier, unsere täglichen Gespräche, ja, *alle* abgöttischen Muster in unserem Leben der Prüfung unterziehen.

Für mich ist es mit Sicherheit geistlich gesünder gewesen, mich nicht über Gebühr mit meiner Sexualität zu beschäftigen – und auch nicht mit meinem Versagen darin, sie zu ändern. Die Erinnerung an den Ruf, in allem wie Jesus zu sein, hat mir nicht nur zahllose andere Bereiche gezeigt, in denen ich *nicht* wie Jesus bin, sondern auch den Fortschritt, den ich tatsächlich in anderen Bereichen gemacht habe, in denen ich ihm in den letzten zwanzig Jahren ähnlicher geworden bin. Dieser Fortschritt geschah oft mitten in meinem stetigen Kampf mit der gleichgeschlechtlichen Anziehung. Oder als Ergebnis dieses Kampfes.

Ein Katalysator für echte Gottgefälligkeit

Hier ist ein Beispiel: Ich bin ziemlich gut, wenn es um Selbstgerechtigkeit geht. Ich bin der klassische erstgeborene Sohn, der sich immer gut benommen hat, der die Regeln einhält und sich empört, wenn andere das nicht tun.

Meine kleine ungezogene Schwester konnte einem schon leidtun: Sie musste mit meiner Mäkelei aufwachsen, die ich bereits vervollkommnet hatte, als ich sechs Jahre alt war.

Diese Mäkelei war schon damals wahres Gift für meine Beziehung zu ihr, und das Gift hat sich seitdem immer weiter verbreitet. Es hat zu einem Richtgeist gegenüber allen geführt, die all jene Regeln brechen, die *ich* einhalte, und zu dem Gefühl, ich könnte Ansprüche stellen – ein Gefühl, das mir oft den Eindruck vermittelt, Gott hätte mir zu Unrecht die Dinge vorenthalten, die ich doch eigentlich verdient hätte. Ich bin der ältere Bruder in Jesu Gleichnis (Lukas 15,11–32). Es ist beängstigend.

Es wäre vermutlich selbstgerecht, wenn ich sagen würde, dass meine Selbstgerechtigkeit heute verschwunden ist. Doch hier ist ein Bereich der Gottgefälligkeit, in dem ich Fortschritte gemacht habe. Wie hat Gott das geschafft? Er hat dazu eine interessante Mischung gebraucht. Er hat mir sein Wort gegeben, das Veränderung in diesem Bereich fordert (1. Korinther 13,4). Er hat mir seinen Geist gegeben, um Kraft für diese Veränderung zu schenken (Galater 5,16). Er hat mir in der Guten Nachricht die Motivation geschenkt, mich zu verändern (Titus 2,11–14). *Und* er hat meinen Kampf mit der gleichgeschlechtlichen Anziehung dazu benutzt, diese Veränderung voranzutreiben.

Es ist schwer, gegenüber den sexuellen Sünden anderer Menschen selbstgerecht zu sein, wenn Gott dir deinen eigenen Status als sexueller Sünder klarmacht. Es ist schwer, dein Gefühl aufrechtzuerhalten, dass du Ansprüche stellen könntest, wenn du weißt, dass jene Sünden die schwerste Strafe verdienen, du aber stattdessen kostenlos ewiges Leben bekommst – allerdings auf Gottes Kosten. Meine gleichgeschlechtliche Orientierung hat direkt zur Gottgefälligkeit geführt: Beides *kann* zusammen existieren. Ohne meine Orientierung wäre ich in diesem Lebensbereich weniger gottgefällig.

Nichts hat mir eine derartige kindliche Abhängigkeit von Gott gegeben wie meine gleichgeschlechtliche Orientierung – und Jesus zufolge geht es beim Christsein um diese Abhängigkeit (Markus 10,15). Ich weiß ganz oft nicht, wie ich sexuell rein bleiben kann; die Schwäche, die mich schon am nächsten Tag zu himmelschreiender Sünde verleiten könnte, ist mir derart stark bewusst, dass ich gezwungen bin, mich im Gebet von Gott abhängig zu machen.

Meine gleichgeschlechtliche Orientierung ließ mich immer wieder erkennen, dass es eine Illusion ist, dass ich ein unabhängiges Leben ohne Gottes Hilfe führen könnte. Gleichgeschlechtliche Anziehung und Gottgefälligkeit gehen tatsächlich zusammen: Die geistliche chemische Reaktion, die sie erzeugen (wenn man das so sagen kann), ist tatsächlich eine sehr kraftvolle.

Ein letztes Beispiel. Ich habe auch zunehmend gespürt: Das, was ich für den großen Eisberg gehalten habe, der meinen Untergang besiegeln würde (meine Sexualität), ist bloß die Spitze des viel größeren Eisbergs des Perfektionismus, der eine viel größere geistliche Gefahr in jedem Lebensbereich darstellt. Der Fokus auf die Spitze des Eisbergs war eine der erfolgreichsten Strategien des Teufels, mich für die gesamte Gefahr blind zu machen, in der ich mich aufgrund des tiefergehenden Götzendienstes in meinem Leben befinde (meine Sexualität ist bloß *eines* der Symptome dieses Götzendienstes).

Wie vielen anderen Menschen hat auch mir Tim Kellers Unterscheidung zwischen den Götzen auf der Oberfläche unseres Lebens (für mich eine bestimmte Art von vollkommener Schönheit bei einem Mann) und den Götzen in der Tiefe geholfen, welche die auf der Oberfläche antreiben (für mich ein ungesundes Beharren auf Vollkommenheit in jedem Lebensbereich).[43]

Ich muss meine Anstrengungen in Richtung Veränderung und größere Christusähnlichkeit stärker auf die Götzen in der Tiefe fokussieren. Meine gleichgeschlechtliche Orientierung war das sichtbarste Zeichen viel tieferer Probleme, die ich ohne meine Orientierung nie angegangen wäre.

Sage ich damit, dass meine gleichgeschlechtliche Orientierung nur Gutes in meinem Leben bewirkt hat, dass meine Sexualität nicht von Sünde beschädigt ist? Nein. Verschiedene Beispiele, die ich in diesem Buch bereits erwähnt habe, haben gezeigt, dass dem nicht so ist. Sie ist in meinem Leben die Ursache eines ganzen Berges von Gottlosigkeit gewesen. Doch das war auch ein Mittel für ein großes Wachstum in Sachen Gottgefälligkeit.

Sage ich, dass niemand, der eine gleichgeschlechtliche Anziehung verspürt, versuchen sollte, seine sexuellen Begierden zu verändern? Nein. Wir sollten uns wünschen, dass die Gottlosigkeit verschwindet. Wir wissen, dass mit Gott alle Dinge möglich sind. Doch wir erinnern uns auch daran, dass er *die Wiederherstellung aller Dinge* nicht in dieser Welt verheißt – sondern in der kommenden. Wir würden einem Gelähmten auch keine vollkommene Heilung im Hier und Jetzt garantieren. Ich glaube auch nicht, dass wir einem Mann mit gleichgeschlechtlicher Orientierung vollkommene sexuelle Heilung im Hier und Jetzt garantieren können.

Ich habe genug überzeugende Geschichten gehört, um zu wissen, dass bei einigen Menschen Veränderungen in der Sexualität geschehen können (bis zu einem gewissen Grad), während das für andere anscheinend unmöglich bleibt.[44] Also möchte ich alle Christen, die gleichgeschlechtliche Anziehung spüren (und ihre Gemeindefamilien), eindringlich bitten, Fortschritt in der Christusähnlichkeit nicht allein im Blick auf Fort- oder Rückschritte in der Veränderung ihrer sexuellen Orientierung zu suchen. Wenn man alles auf eine Karte in einem einzigen Bereich des Denkens und Verhaltens setzt, verfolgt man keinen biblischen Weg zur Gottgefälligkeit. Oft ist genau das verheerend, wenn die betreffenden Menschen im Vertrauen bei Jesus bleiben wollen – besonders, wenn er ihnen nicht eines Tages einen Partner des anderen Geschlechts und Kinder schenkt.

Es ist nötig, dass wieder lauter gehört wird, was die Bibel sagt: Das Evangelium der Gnade fordert von uns Christusähnlichkeit in *jedem* Lebensbereich. Das müssen unsere Kinder und Jugendlichen von uns hören, damit sie für den Fall, dass sie mit einer gleichgeschlechtlichen Orientierung aufwachsen, nicht zu dem Schluss kommen, sie könnten keine Christen sein, sondern ihre Orientierung stattdessen bloß als einen weiteren herausfordernden Kontext (unter vielen anderen) ansehen, in dem wir immer mehr wie Jesus werden sollen – und das alles als Reaktion auf den herausforderndsten Kontext von allen: das Kreuz, das er für uns auf sich nahm.

Der sexuellen Heuchelei ein Ende machen

Außerdem ist es nötig, beständig zu erkennen, dass Heterosexualität keine Gottgefälligkeit in diesem Lebensbereich garantiert. Das mag sich offensichtlich anhören, doch wir müssen erkennen, dass homosexueller Sex außerhalb der Ehe in unseren Gemeinden als viel größere Sünde wahrgenommen wird als heterosexueller Sex außerhalb der Ehe. Warum? Die Bibel verurteilt doch beides ganz ähnlich (3. Mose 20,10–12). Hier wird dieselbe Sünde begangen.

Dasselbe muss für sexuelle Fantasien gelten – ob dabei jemand desselben oder des anderen Geschlechts im Fokus steht. Beides gilt in Jesu Augen mit Sicherheit als Ehebruch (Matthäus 5,27–28). Doch aus irgendeinem Grund habe ich immer das Gefühl, dass meine homosexuellen Fantasien schlimmer sein müssen. Wenn Christen mit gleichgeschlechtlicher Orientierung das Gefühl haben, an sie würde ein höherer Maßstab angelegt als an alle anderen Menschen in der Gemeinde, wird das Plausibilitätsproblem nur noch größer. Der christliche Psychologe Mark Yarhouse wirft diese Frage wie folgt auf:

> Nach meiner Erfahrung sind sich Menschen, die mit Homosexualität kämpfen, der Scheinheiligkeit in den Gemeinden sehr bewusst und reagieren sensibel darauf. Sie wissen, dass von ihnen etwas verlangt wird, das man von anderen nicht verlangt. Wenn Sie darin zustimmen, dass sexuelle Minderheiten davon profitieren könnten, den Weg der Christusähnlichkeit zu beschreiten, dann sollten Sie diesem Weg in Ihrem eigenen Leben folgen. Es ist immer besser, durch Vorbild zu führen. Das wird Ihnen die Glaubwürdigkeit geben, über die Vorteile zu sprechen, diesem Weg zu folgen. Anders ausgedrückt: Wenn Sie glauben, Ihre Sexualität pflegen und überwachen zu können, dann sollten Sie durch Ihr Vorbild führen und nach den Prinzipien leben, die Sie fördern wollen.[45]

Willst du also sexuelle Gottgefälligkeit für Menschen wie mich plausibler erscheinen lassen? Dann nimm Christusähnlichkeit in jedem deiner Lebensbereiche ernst. Verlang von mir nichts, was du von dir selbst nicht verlangen würdest. Und wenn ich dir meine sexuellen Sünden beichten muss, dann hab keine Angst, mir auch *deine* sexuellen Sünden zu beichten. Auf diese Weise können wir uns gegenseitig zur Christusähnlichkeit anspornen und zur Liebe sowie zu guten Taten – durch Triumphe und Tragödien hindurch.

Größere Ehrlichkeit im Blick auf die Herausforderungen, sexuelle Wesen zu sein, gehört zu den positiven Aspekten der so genannten «sexuellen Revolution». Im Unterschied zu den vielen negativen Punkten muss sich diese Ehrlichkeit in den christlichen Gemeinden noch weiter verbreiten. Einige von uns Pastoren mit gleichgeschlechtlicher Orientierung sind hier seit kurzem in die Offensive gegangen, doch wir brauchen die Unterstützung der Brüder und Schwestern, die mit Internetpornographie kämpfen, den Schmerz des Ehebruchs überlebt haben oder in Ehen ohne Sex leben.

Ehrlichkeit ist zwar nicht immer der beste Weg in diesen zutiefst persönlichen Angelegenheiten, doch bevor nicht einige Leute ihre privaten Kämpfe öffentlich machen (oder zumindest: bevor wir nicht beginnen, öffentlich anzuerkennen, dass es hier Dinge gibt, mit denen viele Gemeindeglieder ringen), wird man die Kirche weiterhin als sexuell selbstgerecht wahrnehmen, als Ort, an dem vorgegeben wird, es sei alles in Ordnung – und nicht als einen Ort, an dem alle, die sexuell gebrochen sind (also wir alle!), die Hilfe und Unterstützung bekommen, die wir brauchen. Viele werden sonst einsam und schweigend kämpfen müssen.

Was könntest du tun, um diese Lage zu verändern? Nun: Wissen deine christlichen Freunde (inklusive deiner Freunde mit gleichgeschlechtlicher Orientierung), dass auch du darum ringst, deine Sexualität auf gottgefällige Weise auszudrücken? Du musst ja nicht alle Einzelheiten mitteilen, aber das Wissen, dass du mit ihnen am Kämpfen bist, wird ihnen helfen. So eine Beichte könnte gut und gerne zu einem riesigen Schritt vorwärts in der Gottgefälligkeit von uns allen führen. Pastor Dietrich Bonhoeffer erklärt das wie folgt:

> In der Beichte geschieht der *Durchbruch zur Gemeinschaft*. Die Sünde will mit dem Menschen allein sein. Sie entzieht ihn der Gemeinschaft. Je einsamer der Mensch wird, desto zerstörender wirkt die Macht der Sünde über ihn, und je tiefer wieder die Verstrickung, desto heilloser die Einsamkeit. Sünde will unerkannt bleiben. Sie scheut das Licht. Im Dunkel des Unausgesprochenen vergiftet sie das ganze Wesen des Menschen.[46]

Zu den besten Dingen, die wir tun können, um die Macht der sexuellen Sünde im Leben von uns allen in all unseren Gemeinden zu brechen, gehört, uns gegenseitig unsere sexuellen Sünden in angemessenen Kontexten und auf angemessene Weisen zu beichten. Könntest du Teil einer Bewegung sein, die das möglich macht?

Anwendungsfrage

Wie können wir alle sicherstellen, dass wir nicht sexuell selbstgerecht erscheinen?

Kapitel 10
Die achte Fehlannahme: «Der Zölibat tut dir nicht gut – und muss vermieden werden!»

Ein Imageproblem

In seinem hervorragenden Ehebuch stellt Christopher Ash folgende Frage: «Wann haben wir zuletzt einen erfolgreichen Film gesehen, der einen zufriedenen Junggesellen oder eine zufriedene unverheiratete Frau porträtierte?»[47]

Ich habe noch nie so einen Film gesehen. Wie sieht es bei dir aus?[48] Die grundlegende Prämisse von Hollywood-Komödien wie «Jungfrau (40), männlich, sucht …» und «40 Tage und 40 Nächte» belegt das: Der erste dieser Filme zeichnet die zunehmend verzweifelten Versuche eines Mannes nach, erstmals Sex zu haben. Im zweiten Film kämpft ein anderer junger Mann darum, vierzig Tage und Nächte ohne Sex auszukommen.

In der Welt um uns herum ist der Zölibat etwas Schlechtes, das um fast jeden Preis vermieden werden muss.

Dasselbe gilt auch innerhalb der Gemeinde Jesu. Wann haben wir zuletzt eine gute Predigt gehört, die empfahl, lebenslang ein Single zu sein? Ich habe so eine Predigt noch nie gehört. Wie sieht es bei dir aus? Das Leben als Single, wenn es denn überhaupt thematisiert wird, wird üblicherweise als ein vorübergehendes Problem angesprochen, das glücklicherweise von der Ehe gelöst wird. Man bringt uns bei, wie wir bis zur Hochzeit überleben – nicht, wie man als männlicher oder weiblicher Single gedeihen kann, bis man stirbt. Auch in der Gemeinde ist der Zölibat etwas, das um fast jeden Preis vermieden werden muss.

Es gab Phasen in der Kirchengeschichte, in denen das Gegenteil galt – in denen die Ehe als schlecht und der Zölibat als gut dargestellt wurde. Heute scheinen wir jedoch am anderen Ende des Spektrums festzustecken. Es gibt in der Gemeinde Jesu sogar einige Kreise, in denen es als ein gewisses Problem angesehen wird, wenn man mit Mitte zwanzig noch Single ist.

In einem Gespräch mit einer christlichen Führungspersönlichkeit begegnete mir mal als Einstiegsfrage diejenige nach meinem Alter (damals war ich 26), dann die nach dem Familienstand (Single), und die dritte Frage lautete dann: «Warum bist du nicht verheiratet?» In seinem Denken war die Tatsache, dass man in dem Alter noch nicht in festen Händen war, ein echtes Problem.

Ein Freund, ebenfalls Single, fühlte sich mit Anfang dreißig in seiner Gemeinde wie ein Museumsstück (und er wurde auch so behandelt). Aus irgendeinem Grund mögen christliche Gemeinden heutzutage den Zölibat nicht.

Man kann natürlich leicht verstehen, warum nicht. Wenn du ein Gemeindeleiter bist, der mit Recht möchte, dass seine Gemeindefamilie Sex in den Grenzen der Ehe auslebt, kann man sehen, warum die Ermutigung der Leute, zu heiraten so schnell es geht, der plausibelste Weg zu sein scheint, das genannte Ziel in unserer heutigen sexbesessenen Welt zu erreichen.

Ich vermute, dass die zuletzt ans Licht gekommenen Sexskandale in der römisch-katholischen Priesterschaft ebenfalls die wahrgenommenen Gefahren einer Lebensweise erhöht haben, in der man überhaupt keinen Sex hat. Es wird dann gefragt: Wenn man ihr keinen Raum gibt, sich auf gute Weise auszudrücken, wird dann eine unterdrückte Sexualität sich nicht unvermeidlich auf schlechte Weise ausdrücken?

Doch ich habe im Kapitel zur Fehlannahme Nr. 5 hoffentlich gezeigt: Keinen Sex zu haben, bedeutet nicht automatisch einen Mangel an Intimität oder die ungesunde Unterdrückung der Sexualität einer Person. Außerdem entdeckten wir im selben Kapitel: Es muss auch nicht die Einsamkeit bedeuten, die viele fürchten. Die Gemeindefamilie ist Gottes Antwort auf seine eigene Beobachtung, dass es nicht gut sei, dass der Mensch allein ist (1. Mose 2,18).

Aus pastoraler Perspektive habe ich in der Tat mehr Einsamkeit in den Ehen als bei Singles entdeckt, denn die Ehe kann Menschen von ihren Freunden trennen. So etwas ist immer in Kontexten am schlimmsten, in denen niemand so etwas erwartet.

Trotzdem schaffen es die Christen immer noch, die Botschaft zu verbreiten, der Zölibat sei etwas Schlechtes. Obwohl wir den weltweiten Einfluss des Dienstes eines Singles wie des verstorbenen John Stott würdigen, schaffen wir es trotzdem, Menschen davon abzuhalten, ihn nachzuahmen. Menschen gelten als unvollständig, bis sie ihre «andere Hälfte» gefunden haben – obwohl die Rede davon, dass ein Mann und eine Frau «ein Fleisch» werden (1. Mose 2,24), ihre dauerhafte (und sexuelle) Einheit betont und *nicht* sagt, dass sie vorher «unvollständig» waren.

Das Ergebnis waren in meinem Leben zahlreiche wohlmeinende Versuche meiner Freunde, mich unter die Haube zu bringen. Sie benutzten dazu Sitzordnungen bei Hochzeiten, brachten mich mit Frauen in Kontakt, die als Pastorenfrauen geeignet schienen, machten subtile (und nicht ganz so subtile) Andeutungen und schimpften mich aus, wenn ich mit ihren sorgfältig ausgetüftelten Plänen nicht genügend kooperierte. Das alles war bestenfalls peinlich und manchmal schmerzhaft, und zwar sowohl für mich als auch für die anderen Opfer dieser «Verschwörungen».

Meine Freunde meinten das alles natürlich nicht böse. Und es gelang mir immer besser, ihre Liebe für mich und ihre Sorge um mich wertzuschätzen, die immer im Hintergrund ihrer Anstrengungen standen. Doch ich wurde nicht zu dem Gedanken ermutigt, dass der Zölibat, zu dem ich mich verpflichtet hatte, lebenswert sei.

Das Leben ist heute viel einfacher, seit ich offener darüber rede.

Und wenn wir nicht vermitteln, dass der Zölibat eine plausible Lebensweise ist, tragen wir dazu bei, dass es für Christen mit gleichgeschlechtlicher Orientierung (und für diejenigen, die ein Herz für sie haben) fast unvermeidbar ist, die schwule «Ehe» gut zu finden. Wenn die Alternative ein Leben der gefährlichen Unterdrückung und krassen Einsamkeit ist, ist es kein Wunder, dass die Leute in Scharen die traditionelle Definition der Ehe hinter sich lassen. Bevor wir den Zölibat nicht als eine gute Sache rehabilitieren, wird das so weitergehen.

Den Zölibat rehabilitieren

Der Zölibat ist nämlich eine gute Sache. Die Bibel sagt das ganz klar. Die gute Predigt, die wir noch nie gehört haben und die ein ganzes Leben als Single empfiehlt, gibt es durchaus – in 1. Korinther 7. Der Prediger heißt Paulus, und er schafft es, sowohl das Geschenk der Ehe als auch das Geschenk des Lebens als Single zu empfehlen, und zwar auf eine Weise, auf die es die meisten Generationen von Christen *nicht* getan haben. Es ist allerdings natürlich *seine Lehre* zum Leben als Single, die für uns heute das Bemerkenswerteste und Herausforderndste ist. Er ist ja selbst ein Single und empfiehlt dies als Lebensweise:

> Am liebsten wäre mir ja, wenn jeder wie ich die Befähigung hätte, ledig zu bleiben. Aber es haben nicht alle die gleiche Gabe; dem einen gibt Gott diese, dem anderen eine andere.
>
> *1. Korinther* 7,7; *NGÜ*

Warum sagt Paulus, was ich heutzutage noch nie einen Gemeindeleiter habe sagen hören? Wie kann er im Blick auf den Zölibat so enthusiastisch sein? Wie kann er ihn ein Geschenk nennen, eine Gabe, die du automatisch besitzt, bis sie von der Gabe der Ehe ersetzt wird?[49] Versteht Paulus den menschlichen Sexualtrieb nicht? Doch! Er verwendet einen Großteil des Kapitels auf den Nachweis, dass er ihn nur zu gut kennt und versteht. War er sich des Problems der Einsamkeit nicht bewusst? Doch! Er führte sein gemeinschaftliches Leben jedoch auf andere Weise.

Single zu sein machte das Leben für ihn leichter, nicht schwieriger. Daher war er so begeistert davon, und daher empfiehlt er hier das Leben als Single. Später spricht er über den folgenden pragmatischen Punkt:

> Ich möchte, dass ihr frei seid von [unnötigen] Sorgen. Wenn ein Mann ledig ist, gilt seine ganze Sorge der Sache des Herrn; er bemüht sich, so zu leben, dass der Herr Freude daran hat. Aber wenn er verheiratet ist, bemüht er sich, auch seiner Frau Freude zu machen. Daher sorgt er sich auch um Dinge, die zum Leben in dieser Welt gehören, und das führt dazu, dass seine Interessen geteilt sind.
>
> Genauso ist es bei der Frau: Wenn sie noch nicht verheiratet ist oder wenn sie keinen Mann mehr hat, gilt ihre ganze Sorge der Sache des Herrn; sie möchte ihm dienen mit allen ihren Gedanken und all ihrem Tun. Aber wenn sie verheiratet ist, sorgt sie sich auch um irdische Dinge; sie bemüht sich, ihrem Mann Freude zu machen.
>
> Ich sage das in eurem eigenen Interesse und nicht, um euch in eurer Freiheit einzuschränken. Vielmehr will ich euch helfen, das zu tun, was gut und richtig ist, und dem Herrn unbeirrt und mit ungeteilter Hingabe zu dienen.
>
> *1. Korinther 7,32–35; NGÜ*

Paulus sagt: Single zu sein macht das christliche Leben leichter. In der Nachfolge Jesu geht es darum, unseren neuen Herrn und Erlöser Jesus zu erfreuen. Das ist viel leichter, wenn man seine Aufmerksamkeit uneingeschränkt darauf richten kann – wenn man also nicht auch noch versuchen muss, einen Ehemann oder eine Ehefrau zu erfreuen, wozu man in der Ehe aber verpflichtet ist.

Die offensichtliche Wahrheit dieses Zusammenhangs hat sich mir immer wieder erwiesen. Sie hat sich darin gezeigt, wie vergleichsweise einfach es für mich ist, auf Gott zu hören und mit ihm zu reden, während ich meine Bibel lese und bete: Meine verheirateten Freunde müssen mit mindestens einer anderen Person die Zeit dafür aushandeln – manchmal mit dem komplizierten Programm einer gesamten Familie.

Ich kann auch viel mehr Zeit, Energie und Geld als sie in den christlichen Dienst stecken, zu dem Gott mich berufen hat: Sie müssen zahlreiche andere Berufungen gegen diese wertvollen Dinge abwägen.

Paulus hat recht: Es ist für mich viel leichter, mich von ganzem Herzen Jesus hinzugeben (auch wenn ich es trotz dieser Vorteile immer noch nicht ganz einfach finde).

Das offensichtliche Ergebnis lautet: Es ist für mich viel leichter, mehr für Jesus zu erreichen. Das lehrt auch die Kirchengeschichte. In der Weltevangelisation wurden viele der bedeutsamsten und inspirierendsten Schritte nach vorne von Christen unternommen, die Singles waren (oder von Verheirateten, die sich fälschlicherweise so verhielten, als seien sie Singles, wie etwa William Carey).

David Brainerds Dienst an den indigenen Völkern Nord-Amerikas ist ein weiteres berühmtes Beispiel; Gladys Aylwards Arbeit in China ein anderes. Sie erreichten das, was sie für Jesus erreichten, nur, weil sie Singles waren und sich ihrem Dienst für ihn vollständig hingeben konnten.

Der klare Vorteil des Lebens als Single war eine Wirklichkeit, welche die frühe Kirche klar erkannte. Doch es ist wichtig, dass wir sowohl die praktische als auch die theologische Bedeutung erkennen. Professor Stanley Hauerwas drückt den Punkt wie folgt aus:

> Das Leben als Single war nicht deshalb legitim, weil Sex als besonders fragwürdig angesehen wurde, sondern weil die Mission der Kirche dergestalt war, dass die Kirche «zwischen den Zeiten» Menschen brauchte, die in der Lage waren, sich komplett in den Dienst des Reiches Gottes zu stellen. Und wir müssen uns daran erinnern, dass das «Opfer», das ein Single brachte, nicht darin bestand, «auf Sex zu verzichten», sondern in dem viel größeren Opfer, auf Erben zu verzichten. Es kann keine radikalere Handlung als diese geben, da es die deutlichste normative Aussage [das deutlichste Dogma] der Kirche dafür ist, dass die Zukunft einer Person nicht von der Familie, sondern von der Kirche garantiert wird. Die Kirche, also der Leib Christi und der Vorbote des Reiches Gottes, ist jetzt die Quelle unserer ersten Loyalität.[50]

Paulus und seinesgleichen verzichteten auf Kinder – und das war für sie bedeutsamer als der Verzicht auf Sex. Das ist auch in der heutigen Gesellschaft noch eine große Sache, und damals war es etwas ungleich Größeres. In einer patriarchalischen Gesellschaft war es ein riesiges Opfer, keinen Erben zu haben – niemand würde deinen Namen fortführen.

Warum brachten sie dieses Opfer? Für Menschen wie dich und mich! Damit die frühe Kirche, der sie dienten, geistliche Nachkommen haben konnte, und damit die gute Nachricht des Evangeliums über Palästina und nur ein oder zwei jüdische Generationen hinausgehen konnte. Die heutige weltweite Kirche ist das, was Paulus und seine unbeirrbaren Nachfolger über die Jahrhunderte durch Gottes Gnade aufgebaut haben.

Wir sollten daher das Leben von Singles positiver sehen. Der Zölibat ist eine gute Sache. Ohne ihn wären wir heute keine Christen.

Viele von uns haben auch von heutigen Beispielen der Evangeliumskraft des Zölibats profitiert: von der Frau, die als Single mit Hingabe den Kindergottesdienst leitete, in dem wir Jesus erstmals begegneten; von den Büchern des Junggesellen, der so viel schreiben konnte, weil er keine Frau und keine Kinder hatte; von den Gebeten der unverheirateten Tante, die als Ergebnis ihres Lebens als Single in der Lage war, so viel Zeit im Gebet für deine Bekehrung und die Bekehrung so vieler anderer Leute zu verbringen.

Ich persönlich verdanke unglaublich viel zwei Singles, die aufgrund ihres Zölibats in bedeutsamen Phasen meines Lebens sehr viel Zeit in mich investieren konnten. Beide dienen heute in Afrika in schwierigen Umständen, die man Familien schwerlich zumuten könnte.

Selbst wenn dir keine ähnlichen Beispiele in deinem eigenen Leben einfallen, haben alle Christen jemandem zu danken, der um des Evangeliums willen sein Leben lang ein Single blieb: Jesus! Er lebte in derselben patriarchalischen Gesellschaft wie

Paulus, blieb zölibatär, und wir spielen sein Menschsein ungebührlich herunter, wenn wir meinen, er hätte nicht in der Versuchung gestanden, sich das Leben mit einer Frau, Sex und Kindern einzurichten.

Warum hat er das nicht getan? Er blieb Single für *uns* – die gerade genannten Dinge passten nicht zu Gottes Heilsplan, dem er zu folgen hatte, indem er an unserer Stelle starb und dann auferstand.

Ein Teil seiner Motivation für alle seine Handlungen sollte auch heute noch viele Menschen motivieren können, sich das Leben als Single zu eigen zu machen. Erinnere dich an einige einleitende Worte aus Hebräer 12:

> Wir wollen alles ablegen, was uns beim Laufen hindert, uns von der Sünde trennen, die uns so leicht gefangen nimmt, und unseren Blick auf Jesus richten, den Wegbereiter des Glaubens, der uns ans Ziel vorausgegangen ist. Weil Jesus wusste, welche Freude auf ihn wartete, nahm er den Tod am Kreuz auf sich, und auch die Schande, die damit verbunden war, konnte ihn nicht abschrecken. Deshalb sitzt er jetzt auf dem Thron im Himmel an Gottes rechter Seite.
>
> *Hebräer 12,1–2; NGÜ*

Jesus gab alles für uns auf, zum Teil aufgrund der Belohnung, von der er wusste, dass er sie als Ergebnis seines Handelns bekommen würde – weil die «Freude auf ihn wartete». Er ertrug die größten Schmerzen in dem Wissen, dass sich eines nicht fernen Tages erweisen würde, dass es die Qualen wert war.

Nachdem ich das Potenzial des Zölibats, das im Evangelium steckt, betont habe, möchte ich jetzt nicht die großen Schmerzen herunterspielen, die das Evangelium oft mit sich bringen kann. Ich will allerdings sagen, dass sie es auch für uns wert sein werden. Denn Jesus wird wunderbarerweise jene Freude mit seinen Brüdern und Schwestern in Ewigkeit teilen.

In meiner Verpflichtung zu einem lebenslangen Zölibat hat mir diese ewige Perspektive sehr geholfen, die der katholische geistliche Lehrer Christopher West betont:

> Der Zölibat um des Reiches Gottes willen ist keine Deklaration, dass Sex «schlecht» ist. Er ist die Deklaration: Obwohl Sex wunderbar sein kann, gibt es etwas noch Besseres – unendlich besser! Der christliche Zölibat ist eine mutige Deklaration, dass der Himmel eine Wirklichkeit ist und dass er es wert ist, alles dafür zu verkaufen.[51]

Ich weiß, dass heute viele Leute meinen, es sei eine Tragödie, wenn man jungfräulich stirbt. Ich hoffe jedoch, dass ich so sterben werde. Weil ich weiß, dass ich auf nichts verzichtet habe, das von übergroßer Bedeutung ist. Denn die Bibel lehrt, dass ich nur auf den kurzen Vorgeschmack verzichtet habe, welcher der Sex sein soll – ein Vorgeschmack der ewigen Wirklichkeit der vollkommenen Einheit zwischen Christus und der Kirche, die ich eines Tages auf ewig erleben werde (Offenbarung 21,1–5). Jedes flüchtige Vergnügen, auf das ich bis dahin verzichte, wird es dann mehr als wert sein.

Der Zölibat ist also eine plausible Lebensweise. Wir müssen bekennen, dass wir diese Tatsache verdunkelt haben. Und wir brauchen immer mehr Menschen, die mit ihrem Leben die Plausibilität des Zölibats heute erweisen – nicht nur zum Segen von Christen mit gleichgeschlechtlicher Orientierung, wie ich einer bin, sondern zum Segen der ganzen Kirche.

Wie feiert also deine Gemeinde Gottes Geschenk des Zölibats? Ich vermute, dass ihr eine gute Erfolgsbilanz vorzuweisen habt, wenn es um die Förderung der Ehe geht (zahlreiche Hochzeiten wurden gefeiert, zahlreiche Predigten zum Thema Ehe wurden gehalten, ein Kurs und einige Ehebücher wurden von der Kanzel aus empfohlen).

Wenn es allerdings darum geht, das Leben als Single zu empfehlen, habt ihr vermutlich nicht ganz so viele Erfolge vorzuweisen. Wie könntet ihr denn die Gemeindemitglieder feiern, die Singles sind?

Mir fällt ein Beispiel aus einer Gemeinde ein, zu der ich früher gehörte: Wir nutzten den 80. Geburtstag einer Frau, die Single war, um ihr (und Gott, ihrem Vater) für alles zu danken, was sie uns gegeben hatte, indem sie ihre Gabe des Zölibats dazu genutzt hatte, unsere Gemeindefamilie zu erbauen. Ich vermute, wir hätten im Verlaufe der Jahrzehnte mehr zu ihrer Ermutigung tun können, doch ich hoffe, es ging nach dem Motto: Besser spät als nie.

Man kann oft sagen, was eine Organisation wertschätzt, wenn man sieht, was (oder wen) sie feiert. Wir müssen uns darin verbessern, die Menschen zu feiern, die Christus ähnlich und Männer und Frauen sind, die in unserer Mitte als Singles leben (aus welchem Grund auch immer). Ihnen wurde eine wertvolle Gabe anvertraut, welche die eine oder andere Party verdient – genau wie jede Hochzeit.

Anwendungsfrage

Wie können wir alle das Leben als Single genauso stark bejahen, wie es die Bibel tut?

Kapitel 11
Die neunte Fehlannahme: «Leiden sind weiträumig zu umgehen – es geht nur um Glück!»

Abneigung gegen Leiden

Es ist die Absicht dieses Buches, mein Leben plausibel erscheinen zu lassen, und zwar für dich und für mich. Es ist mir jedoch bewusst, dass ich dieses Ziel jedes Mal untergraben habe, wenn ich beschrieben habe, wie schwierig mein Leben ist und wie viel Leiden es mit sich bringt. Ich wünschte, ich könnte es alles nur nett und einfach und als eine reine Freude darstellen. Doch so ist es nicht, und daher habe ich es auch nicht so beschrieben.

Und genau das ist heute ein großes Plausibilitätsproblem – vielleicht das größte überhaupt. Denn wir sehen heute nur zu oft das Leiden als etwas an, das vermieden werden muss. Wir haben weiter oben bereits festgestellt, dass wir auf Glück aus sind. Wenn etwas zur Folge hat, dass du wirklich leidest, dann hörst du damit auf. Wenn dich etwas glücklich macht, bist du dabei. Warum um alles in der Welt würde also irgendjemand das Leben eines zölibatären Christen mit gleichgeschlechtlicher Orientierung wählen? Und wie komme ich dazu, andere zu ermutigen, dasselbe zu tun?

Die Antwort lautet in einem Wort: Jesus. Denn er lehrt uns,

dass Leiden für eine gute Sache nicht vermieden, sondern begrüßt werden sollte. Sobald seine Jünger verstanden hatten, wer er war (Gottes seit langem verheißener Messias), sagte dieser Jesus (der Menschensohn) als Erstes Folgendes zu ihnen:

> Jesus sprach mit seinen Jüngern zum ersten Mal darüber, dass der Menschensohn vieles erleiden müsse und von den Ältesten, den führenden Priestern und den Schriftgelehrten verworfen werde; er werde getötet werden und drei Tage danach auferstehen.
>
> *Markus 8,31; NGÜ*

Jesus kam, um zu leiden. Er tauschte die Bequemlichkeit des Himmels gegen ein irdisches Leben voller Leiden und gegen einen Tod ein, welcher der größte je vollbrachte Akt menschlichen Leidens war. Sein Leben auf diesem Planeten drehte sich um das Leiden.

Diese Wirklichkeit war für ihn ganz offensichtlich nicht bequem – und sie ist auch für seine Nachfolger eine unbequeme Wahrheit. Dies wird durch das illustriert, was nach seiner Ansage geschah:

> Klar und offen redete er darüber. Da nahm Petrus ihn beiseite und versuchte mit aller Macht, ihn davon abzubringen. Aber Jesus wandte sich um, sah seine Jünger an und wies ihn scharf zurecht: «Geh weg von mir, Satan! Denn was du denkst, kommt nicht von Gott, sondern ist menschlich.»
>
> *Markus 8,32–33; NGÜ*

Das Leiden war damals so unbeliebt wie heute. Es ist nicht das, wonach Petrus damals oder wir heute suchen, wenn es um unsere Leiter und Anführer geht. Wir ziehen die Vorstellung von einem erfolgreichen König der Vorstellung von einem leidenden König vor. Warum? Weil wir erkennen, was damit verbunden ist: Wer einem erfolgreichen König folgt, hat Anteil an seinem Erfolg; wer einem leidenden König folgt, hat Anteil an seinem Leiden. Jesus sagt das glasklar:

> Dann rief Jesus die Volksmenge samt seinen Jüngern zu sich und sagte: «Wenn jemand mein Jünger sein will, muss er sich selbst verleugnen, sein Kreuz auf sich nehmen und mir nachfolgen.»
>
> *Markus 8,34; NGÜ*

Jesus ruft auch uns zum Leiden. Wer in der Nachfolge eines leidenden Messias steht, wird unweigerlich leiden. Jesus ging ans Kreuz – auch seine Jünger müssen den Weg des Kreuzes gehen.

Und jene Jünger, die diese Worte erstmals hörten, entdeckten schon bald ihre Wahrheit. Sie sahen zu, wie Jesus litt und starb (und wieder auferstand). Dann litten und starben sie für ihn, einige an Kreuzen wie er. Generationen von anderen Christen haben dasselbe getan: Sie litten, indem sie ihr Leben wie Jesus aufopferten. Auf diese Weise haben diese Worte Menschen wie dich und mich erreicht.

Doch aus irgendwelchen Gründen dreht sich die Nachfolge Jesu in unserer Generation nicht mehr um Opfer und Leiden.

Westliche Christen haben im Großen und Ganzen aufgehört, sich selbst zu verleugnen – wir sprechen heute lieber über unser Recht, wir selbst zu sein. Unser christliches Leben dreht sich stärker um Selbstbelohnung – womit wir anscheinend die Existenz der Worte Jesu zu diesem Thema leugnen. Unser christliches Leben steht in Kontinuität zu unserem vorherigen Leben – mit einer dünnen christlichen Glasur: Wir sind zu ein paar Menschen etwas netter.

Die Kreuze, die wir tragen, sind die kleinen Unannehmlichkeiten, von denen wir uns noch nicht befreien konnten (ein schmerzendes Knie, unsere Schwiegermutter, die uns immer reinredet; ein schlechter Chef auf der Arbeit). Uns fehlt jegliches bedeutsame Leiden, das wir absichtlich auf uns nehmen, weil wir Jesus nachfolgen und wollen, dass auch andere ihm folgen. Wir haben uns entschieden, die Tatsache zu ignorieren, dass Jesus die Jünger hier dazu aufruft, eine bewusste und kostspielige Entscheidung zu treffen, sich zu opfern; zu Dingen «Nein!» zu sagen, die wir vielleicht wollen, sogar verdienen oder brauchen, weil wir im Verzicht seinem Beispiel folgen.

«WWJD» lauteten vor einigen Jahren die Buchstaben auf den überall zu findenden Armbändern und anderen Schmuckstücken: «What would Jesus do?» Was würde Jesus tun?

Als die Frage in unserer Generation gestellt wurde, bestand ein Problem darin, dass nur ganz wenige Leute eine andere Frage gestellt hatten, nämlich: Was hat denn Jesus *damals* getan? WDJD (What did Jesus do?) wäre eine sehr viel nützlichere Frage gewesen, weil sie uns ermutigt hätte, über die Motivation und die Vorlage zu reflektieren, die sein Leben des sich selbst aufopfernden Leidens auf dieser Erde liefert. Wir hätten uns dann daran erinnert, dass er kam, um zu leiden, und dass er uns ruft, ebenfalls zu leiden. Wir wären mit Recht ermutigt worden, uns für ihn zu verleugnen, und zwar aufgrund all der Dinge, auf die er selbst verzichtete, damit wir mit Gott ins Reine kommen konnten.

Unser gegenwärtiges christliches Leben der Bequemlichkeit ist nicht der Weg Jesu. Er hätte das in diesen Versen nicht deutlicher ausdrücken können. Der Weg Jesu ist der Weg des Leidens. Bevor wir nicht über bedeutsame Wege reden können, auf denen wir uns in der Nachfolge Jesu verleugnet haben, sollten wir vorsichtig sein, uns seine Nachfolger zu nennen. Selbstaufopferung muss das Kennzeichen derjenigen sein, die demjenigen nachfolgen, der alles für uns opferte, was er hatte. So ist es mit Sicherheit einmal gewesen.

Selbstaufopferung statt Selbsterhaltung

Worauf hast du also in der Nachfolge Jesu verzichtet? Irgendetwas muss es geben. Wenn es nichts gibt, dann folgst du nicht wirklich dem Jesus nach, der hier zu dir spricht.

Was ist das Leiden, was sind die wahren Kreuze, die du absichtlich auf dich genommen hast, weil du sein Jünger bist?

Ist es die schmerzhafte Distanz zwischen dir und deiner nichtchristlichen Familie, weil du jetzt Jesus nachfolgst und weiterhin versuchst, sie zu überzeugen, ebenfalls ihm zu folgen?

Ist es ein liebendes Durchhalten in einer unglücklichen Ehe?

Ist es die Tatsache, dass du deinen Kindern etwas verbietest, woran alle ihre Kameraden Freude haben, damit der Dienst des Evangeliums geschehen kann?

Für mich ist es (unter anderem) die Tatsache, dass ich keine sexuelle Beziehung zu einem Mann habe, obwohl ich mich danach sehne. Ich tue das aus Gehorsam gegenüber Jesu Worten, die wir gerade gelesen haben.

Alle diese Dinge sind schwer. Also brauchen wir alle jede Menge Motivation. Jesu eigene Leidenserfahrung sollte eigentlich mehr als genug Motivation für uns sein. Doch Jesus liefert uns freundlicherweise noch mehr: Selbsterhaltung.

> Denn wer sein Leben retten will, wird es verlieren; wer aber sein Leben um meinetwillen und um des Evangeliums willen verliert, wird es retten. Was nützt es einem Menschen, die ganze Welt zu gewinnen, wenn er selbst dabei unheilbar Schaden nimmt? Denn was könnte ein Mensch als Gegenwert für sein Leben geben?
>
> *Markus 8,35–37; NGÜ*

Seltsamerweise ist die Selbstaufopferung, zu der uns Jesus aufruft, letztlich gar nicht wirklich Selbstaufopferung. Sie ist in Wirklichkeit in unserem eigenen besten Interesse – langfristig gesehen. Nimm dein Kreuz auf dich, und es wird es letztendlich wert gewesen sein. Weigere dich, etwas zu opfern, und du wirst letztendlich alles verlieren.

Jesus beginnt hier, krasse Warnungen auszusprechen. Ob wir Jesus nachfolgen oder nicht, ist ein großer Hinweis auf unsere ewige Bestimmung. Er fährt fort:

> «Wer in dieser von Gott abgefallenen und sündigen Zeit nicht zu mir und meinen Worten steht, zu dem wird auch der Menschensohn nicht stehen, wenn er mit den heiligen Engeln in der Herrlichkeit seines Vaters kommt.»
>
> *Markus 8,38; NGÜ*

Hier drückt sich Jesus so krass aus, wie es nur geht: Wenn er als Richter zur Erde zurückkehrt, wird er uns verleugnen, wenn wir diese seine Worte verleugnet haben. Wir müssen uns seine Warnung zu Herzen nehmen, denn um ehrlich zu sein: Wir schämen uns dieser Worte Jesu hier und an anderen Stellen sehr. Wir scheinen ihre Anwendung auf uns heute verleugnet zu haben.

Das zeigt sich daran, wie wenig dieser Ruf «zu leiden, wie er litt» in unseren Evangelisationen und Jüngerschaftskursen vorkommt. Falls dieser Ruf überhaupt je einmal ertönt, dann als Teil des ganz Kleingedruckten – nicht als eines der ersten Dinge, die wir den Leuten vermitteln, sobald sie begriffen haben, wer Jesus ist. Hier, in Jesu eigenem Jüngerschaftskurs, kommt dieser Ruf gleich am Anfang vor.

Das Ergebnis ist ein nachvollziehbares Unverständnis, wenn das christliche Leben tatsächlich ziemlich schwere Arbeit ist oder wenn Jesus uns bittet, schwierige Dinge zu tun. So hatten wir aber nicht gewettet; das war nicht Teil der Erwartung vieler Leute. Jesus sollte dazu da sein, ihr Leben leichter zu machen, nicht schwerer. Wenn dann das Leiden kommt, kann das doch nicht der Wille Jesu für sein Volk sein – er will doch sicherlich das Beste für sie, oder?

Es ist diese neue, gegenüber dem Leiden abgeneigte Christenheit, die erklärt, warum nur wenige westliche Christen heute bereit sind, dem Schmerz zu begegnen, den aktive Evangelisation mit sich bringen kann. Ganz zu schweigen davon, dass sie bereit wären, ihren Vorfahren auf das Missionsfeld zu folgen, an schwierigen Ehen festzuhalten, so viel Geld zu spenden, dass sie ihren Lebensstil ändern müssten, oder zum außerehelichen Sex (wie in der Bibel definiert) Nein zu sagen.

Alle diese Dinge würden eine Christus-ähnliche Selbstaufopferung beinhalten, und niemand hat deutlich gemacht, dass die Nachfolge Jesu dies auch heute noch umfasst.

Mitten in dieser Art von Christenheit zu leben, führt dazu, dass meine Entscheidung, als Christ mit gleichgeschlechtlicher Orientierung zölibatär zu bleiben, zutiefst unplausibel klingt. Das Leiden, das diese Entscheidung unweigerlich mit sich bringt, verwirrt so viele meiner christlichen Zeitgenossen. Es ändert den Deal, den sie unterschrieben haben. Wie alle Konsumenten, die das Kleingedruckte nicht gelesen haben, wollen sie nur das Angebot, das sie zu bekommen dachten, und das war leidensfrei. Also wechseln sie natürlich sehr schnell in eine Gemeinde oder Organisation, die von Christen *nicht* verlangt, Leiden auf sich zu nehmen.

Wir müssen also prüfen, ob die Art von Christentum, an die wir glauben und der wir angehören, das echte Produkt ist, das Jesus hier in Markus 8 formuliert – ein Christentum, in dessen Zentrum seine Selbstaufopferung steht und das von daher seine Jünger als Menschen definiert, die bereit sind, sich für ihn aufzuopfern.

Wir müssen begreifen, in welche Gefahren wir laufen, wenn wir aufhören, die Menschen ganz klar zu bitten, persönliches Glück zu opfern. Wenn wir Menschen nicht bitten, Jesu kostspielige Gebote hinsichtlich Evangelisation, Eheleben, Finanzen oder Sexualität zu beachten, haben wir (unabsichtlich) ihr Heil aufs Spiel gesetzt. Denn wir folgen nicht wirklich Jesus, wenn wir nicht dem schweren Weg folgen, auf den er uns in diesen Bereichen ruft, nachdem er ihn natürlich bereits selbst gegangen ist.

Ich denke, dass die Selbstaufopferung, die zu dem Leben gehört, wie ich es lebe, der plausiblere christliche Weg ist als seine Alternative – die, wenn ich sie denn je wählen sollte, vor allem von Selbstbelohnung getrieben sein würde.

Frühere Generationen gingen beständiger auf Jesu Weg der Selbstaufopferung. Und dasselbe tun natürlich auch heute noch viele Christen in nichtwestlichen Teilen der Welt – und sogar einige wenige in unseren eigenen Gemeinden. Sie alle helfen uns, in ihrer christlichen Freude mitten in ihren Leiden für Christus die Plausibilität dieses Weges zu erkennen.

Wenn ich als Christ mit gleichgeschlechtlicher Orientierung am stärksten mit der Plausibilität des Leidens für Jesus kämpfe, blicke ich auf die viel größeren Leiden der verfolgten Kirche und erkenne, wie diese Plausibilität vom Blut der Märtyrer und von der Standhaftigkeit der Heiligen verkündigt wird. Ich werde dann auch daran erinnert, dass die Menschen, die andere Menschen am wirksamsten zu Jesus hingezogen haben, immer diejenigen waren, die bereit waren, für Jesus zu leiden.

Außerdem ist es ja so, dass nicht nur Markus 8 sagt, dass wahre Christen aufgerufen sind, im Rahmen der Christusähnlichkeit auch sich selbst aufzuopfern und zu leiden. Jesus wiederholt das auch an anderen Stellen. Paulus schreibt selten einen Brief, ohne die Selbstaufopferung als Vorbild auszuleben und zu empfehlen.

Derselbe Petrus, der dieses Leiden in Markus 8 ablehnte, beweist in seinen neutestamentlichen Briefen, dass er dem Leiden nicht mehr abgeneigt ist. Die Erwartung, die Jesus in der Offenbarung dem Apostel Johannes vermittelt, besteht im fortgesetzten Leiden seiner Kirche, bis er wiederkommt und alles Leiden für immer beendet.

Diejenigen, die Jesus nachfolgen, können Leiden nicht umgehen. Es ist fester Bestandteil des christlichen Lebens.

Warum leiden?

Aber warum? Warum um alles in der Welt gibt es so viel Leid im Leben aller wahren Christen, solange sie auf dieser Erde leben? Warum hält Gott so dermaßen fest daran? Weiß er nicht, wie schmerzhaft das ist? Doch, er weiß das. In Jesus hat er das schlimmste Leiden selbst erlebt.

Der Tod Jesu zeigt jedoch, dass Gott das Leiden immer wieder benutzt hat, um für sein Volk das Beste zu erreichen. Und er benutzt das Leiden bis heute, um dasselbe zu bewirken: um sein Volk Jesus immer ähnlicher zu machen.

Zahllose Christen haben im Lauf der Zeit die Wahrheit dieses Zusammenhangs erlebt. Der bekehrte Sklavenhändler John Newton ist nur eines von vielen Beispielen:

Ich bat den Herrn, dass ich wachsen möge
in Glauben, Liebe und in aller Gnade,
dass ich seine Erlösung besser begreifen
und noch ernster sein Angesicht suchen möge.
Ich hoffte, dass in einer günstigen Stunde
er meine Bitte sofort erfüllen werde,
und durch seiner Liebe zwingenden Kraft
meine Sünden niederringe und mir Ruhe gebe.
Doch stattdessen ließ er mich
die versteckten Übel meines Herzens spüren;
und die wütenden Kräfte der Hölle
meine Seele in allen Teilen angreifen.
Und noch mehr – mit eigner Hand
schien er mein Weh noch zu verstärken.
Durchkreuzte alle schönen Pläne, die ich schmiedete,
zerstörte meine Gewächse, ließ mich darniedersinken.
Zitternd schrie ich: «Herr, warum machst Du dies?
Willst Du deinen Wurm in den Tod jagen?»
«Auf diese Art und Weise», antwortete der Herr,
«erhöre Ich Gebete um Gnade und Glauben.»
«Diese Anfechtungen nutze Ich,
um dich von Selbst und Stolz zu befreien.
So zertrete Ich dein irdisches Glück,
damit du dein Alles in Mir findest.»[52]

Newton betete, er möge Jesus ähnlicher werden. Gottes Antwort auf dieses Gebet bestand darin, dass Newton wie Jesus leiden musste. Die Logik ist makellos: Niemand kann einer anderen Person ähnlicher werden, ohne ähnliche Dinge zu erleben. Alle Christen, die Jesus immer ähnlicher werden wollen, müssen Anteil an seinen Leiden bekommen.

Alle Christen, die ich am meisten verehre, sind durch Leiden Christus ähnlicher geworden. Für C. S. Lewis war das nicht nur der oft beschriebene Tod seiner Ehefrau nach so einer kurzen Ehe, sondern auch der Tod seiner Mutter, als er noch ein Kind war, der Verlust seines besten Freundes im Ersten Weltkrieg, die lange Zeit, die er sich um die immer mehr geistig verwirrte Mutter jenes Freundes und um seinen eigenen alkoholkranken Bruder gekümmert hat – alle diese Dinge brachten die Christusähnliche Weisheit hervor, die in seinen Büchern und Briefen zu finden ist.

In meiner eigenen Gemeinde wurden die Menschen, denen ich am meisten ähneln möchte (weil sie Jesus am ähnlichsten sind), durch großes Leid Jesus ähnlich. Gott hat bei einer Frau ihre vierzig lange Jahre dauernden Rückenschmerzen dazu gebraucht, in ihrem Leben die Christusähnlichkeit zu erreichen, um die ich sie beneide.

Ich habe bereits gesagt, dass meine Erfahrung der gleichgeschlechtlichen Anziehung der Aspekt meines Lebens war, den Gott am meisten dazu benutzt hat, mich Jesus immer ähnlicher zu machen. Dies ist auch der Aspekt, den er am meisten gebraucht hat, um mich (als Pastor) dazu auszurüsten, dass ich anderen helfen kann, Jesus immer ähnlicher zu werden.

Einige Menschen werden vielleicht immer noch nervös angesichts meiner Behauptung, Gott hätte etwas, das schlecht ist, dazu benutzt, etwas in seinen Augen Gutes hervorzubringen. Doch wir müssen uns daran erinnern, dass er uns in Römer 8,28 verheißt, *alle* Dinge zum Guten derjenigen zu benutzen, die ihn lieben.

Wir liegen falsch, wenn wir diese Dinge nur auf das beschränken wollen, was im Leben gut läuft. Im biblischen Kontext gibt es keine solche Beschränkung, und der Rest der Bibel zeigt immer wieder Gottes Fähigkeit, alle Dinge zu gebrauchen – sogar menschliche Sünde.

Erinnere dich daran, was Josef zu seinen Brüdern sagte, die ihn als Sklaven verkauft hatten: «Ihr gedachtet es böse mit mir zu machen, aber Gott gedachte es gut zu machen, um zu tun, was jetzt am Tage ist, nämlich am Leben zu erhalten ein großes Volk» (1. Mose 50,20; LB).

Erinnere dich, dass alle Größen des Alten Testaments (Abraham, Mose, David) große Sünder waren. Gott hat sie trotz ihrer Sünde, in ihrer Sünde und durch ihre Sünde hindurch gebraucht.

Erkenne, dass dein eigenes Heil davon abhängt, dass Gott auf diese Weise wirkt: Das Kreuz war die größte Tat menschlicher Sünde, die je begangen wurde, und Gott benutzte sie trotzdem dazu, dass deine Sünden getragen und vergeben werden können.

Die Gruppe, die in der gesamten Kirchengeschichte all dies am besten verstand, waren die zu Unrecht oft geschmähten Puritaner. Gott hat freundlicherweise zwei von ihnen dazu gebraucht, mich davon abzuhalten, mich von Gott abzuwenden, als ich am stärksten unter meiner gleichgeschlechtlichen Orientierung litt. Sie haben mir geholfen zu erkennen, wie Gott das alles tatsächlich zu meinem Guten genutzt hat und meine Orientierung nicht als das Schlechte zu sehen, mit dem er mich grausam geschlagen hat.

Zunächst wurde ich mit diesen Worten von Thomas Brooks ermutigt:

> Gott wird das Leid, das dich trifft, nach seiner Gerechtigkeit so ordnen, dass deine Seele sagen soll: Nicht um alles in der Welt hätten wir gewollt, dass wir von solchen Problemen und Leiden verschont bleiben. Denn es ist mit Sicherheit folgendermaßen: Hätten sie uns nicht getroffen, stünde es schlimmer mit uns. Oh, diese fleischlichen Dinge: Sicherheit, Stolz, Formalismus, Hartherzigkeit, Lauheit, Tadelsucht, Weltlichkeit, mit denen uns Gott verflucht hat durch die Probleme und Gefahren, die uns begegnet sind – die aber auch die Wege des Herrn waren und in seinem Dienst standen![53]

Dies ist eine zutiefst wahre Beschreibung meiner Person! Sogar mit meiner Erfahrung der gleichgeschlechtlichen Anziehung bin ich noch ein bequemer, stolzer, pflichtschuldiger, kaltherziger, gefühlloser, selbstgerechter und weltlicher Christ. Meine gleichgeschlechtliche Orientierung ist Gottes wirksamstes Mittel, dass ich diese Dinge langsam loswerde – ohne meine Orientierung hätten sie mich als Christ erdrosselt. Brooks gab mir den ersten Impuls, für etwas dankbar zu sein, das mich bis dahin verbittert gemacht hatte. Ich begann, Gottes (zugegebenermaßen gut versteckte) Freundlichkeit mir gegenüber zu sehen.

John Favel greift all dies auf und führte mich damit einen Schritt weiter:

> Es könnte dein Herz erbauen, wenn du überlegst, dass Gott in diesen Problemen das Werk vollbringt, an dem sich deine Seele erfreuen sollte, wenn du seinen Plan darin erkennst. Wir sind durch viel Unwissenheit vernebelt und nicht in der Lage zu erkennen, wie die eine oder andere Vorsehung die Erfüllung der Pläne Gottes fördert.
>
> Daher murren wir oft wie Israel in der Wüste, weil uns die Vorsehung in eine beängstigende Einöde führt, in der wir Schwierigkeiten ausgesetzt sind. Doch er führte und führt uns heute *auf dem rechten Weg zu einer bewohnbaren Stadt.*
>
> Wenn du nur sehen könntest, wie Gott in seinem geheimen Rat den gesamten Plan deiner Errettung ganz genau vorbereitet hat, bis in die kleinsten Einzelheiten und Umstände hinein. Wenn du nur die verehrungswürdige Harmonie der göttlichen Pläne erkennen könntest, ihre gegenseitigen Beziehungen zueinander, zusammen mit dem allgemeinen Respekt, der ihnen allen insgesamt zukommt!
>
> Wärest du frei, deine eigenen Entscheidungen zu treffen, würdest du unter allen Möglichkeiten in der Welt die Umstände wählen, in denen du jetzt bist. Die Vorsehung ist wie ein merkwürdiges Stück Teppich, das aus tausend Fäden gewoben ist. Jeder einzelne Faden scheint nutzlos zu sein, doch zusammengewoben ergeben sie eine schön anzusehende Geschichte.[54]

Begreifst du diese unglaubliche Aussage? Die Sprache ist veraltet, daher schlage ich vor, innezuhalten und das Ganze noch einmal zu lesen, wenn das hilft. Sein Punkt ist der folgende: Wenn ich an Gottes Stelle wäre (Gott bewahre!) – mit aller Weisheit und aller Macht, die ihm zur Verfügung stehen –, hätte ich selbst zugelassen, dass ich die gleichgeschlechtliche Orientierung erlebe, und zwar wegen der guten Dinge, die sie in mir hervorbringt. Durch diese erstaunliche Gnade entsteht etwas Schönes aus dem Leiden, das ich mit meiner Orientierung durchmache.

Der schottische Pastor Willie Still bestätigt all dies aus seiner eigenen seelsorgerlichen Erfahrung mit Menschen wie mir:

> Ich habe Menschen gekannt, die in der unglaublich starken Versuchung zur «unnatürlichen Sünde» standen und derart resolut dem widerstanden, was für sie eine urgewaltige Anziehungskraft besaß, von dem sie aber wussten, dass es falsch war. Ihre Widerstandskraft hat mich erstaunt. Doch wenn ich jetzt darüber nachdenke, wusste ich damals, warum ihre ästhetischen und pastoralen Gaben sowie ihre Verkündigungsgaben von Gott auf bemerkenswerte Weise gebraucht wurden. Genau dieser Antrieb, der sie hätte ruinieren können, wurde in ein Instrument Gottes verwandelt und dann als Mittel der Rettung und Segnung vieler Menschen eingesetzt.[55]

Dieser ganze hilfreiche gedankliche Ansatz setzt voraus, dass Gott sogar der Herr über unser Leiden und über unsere Sünde ist (während wir immer noch dafür verantwortlich sind, wie wir oben gezeigt haben). Viele Menschen beunruhigt diese (in meinen Augen) klare biblische Lehre. Doch das Wissen, die Gewissheit, dass meine Sexualität Teil des Planes Gottes ist und dazu gebraucht wird, mich (und andere durch mich) Jesus ähnlicher zu machen, hat mich tatsächlich mehr getröstet als fast jede andere Lehre. Es gibt kaum etwas, das meine Lebensentscheidungen plausibler erscheinen lässt als diese Lehre. Wir machen einen großen Fehler, wenn wir denken, dass Leiden zu vermeiden sind!

Oft komme ich auf 2. Korinther 4 zurück (auf den Teil der Bibel, den ich bei meiner Beerdigung lesen lassen möchte). Dort lese ich wunderbare Worte wie diese:

> Wir allerdings sind für diesen kostbaren Schatz, der uns anvertraut ist, nur wie zerbrechliche Gefäße, denn [es soll deutlich werden, dass] die alles überragende Kraft, [die in unserem Leben wirksam ist,] Gottes Kraft ist und nicht aus uns selbst kommt. Von allen Seiten dringen Schwierigkeiten auf uns ein, und doch werden wir nicht erdrückt. [Oft] wissen wir nicht mehr weiter, und doch verzweifeln wir nicht.
>
> Wir werden verfolgt und sind doch nicht verlassen; wir werden zu Boden geworfen und kommen doch nicht um. Auf Schritt und Tritt erfahren wir am eigenen Leib, was es heißt, am Sterben Jesu teilzuhaben. Aber gerade auf diese Weise soll auch sichtbar werden, dass wir schon jetzt, in unserem irdischen Dasein, am Leben des auferstandenen Jesus teilhaben.

> Ja, mitten im Leben sind wir um Jesu willen ständig dem Tod ausgeliefert, und eben dadurch soll sich in unserem sterblichen Dasein zeigen, dass wir auch am Leben von Jesus Anteil haben. [Unser Dienst bringt es also mit sich,] dass an uns der Tod zur Auswirkung kommt; aber [er führt auch dazu,] dass an euch das Leben wirksam ist.
>
> *2. Korinther 4,7–12; NGÜ*

Ich habe bisher keinen Abschnitt in der Bibel gefunden, der die Erfahrungen meines Lebens besser beschreibt und gleichzeitig so gut artikuliert, warum diese Erfahrungen wertvoll sind: dass Gottes Kraft in meiner Standhaftigkeit mitten in meinem Leid erkannt werden soll, zum Segen für andere und zu Gottes Verherrlichung. Das ist die Art von Leben, das Jesus für mich lebte; das ist das Leben, das ich für ihn leben will.

In Markus 8 hat Jesus deutlich gemacht, dass dies das authentische christliche Leben ist, das Leben, das alle willig akzeptieren müssen, die ihm nachfolgen: Leiden mit der guten Absicht, Jesus immer ähnlicher zu werden und dadurch immer mehr Menschen auf ihn hinzuweisen. Mach dieses Leben plausibler, indem du sicherstellst, dass du es selbst annimmst. Wenn du es tust, vergiss nie, dass es das wert ist. C. S. Lewis erinnert uns auf wunderbare Weise,

> … dass jeder, der in den Himmel gelangt, finden wird, dass alles, was er zurückließ (auch noch, wenn er sein rechtes Auge ausgerissen hat), genau genommen nichts war; dass der Kern dessen, was er wirklich auch noch in seinen verderbtesten

> Wünschen suchte, dort vorhanden sein wird, über alle Erwartungen hinaus, seiner wartend in dem «Land hoch oben».[56]

Ich freue mich auf die Freude, die ich dann erleben werde. Auf die richtige und bleibende Befriedigung aller meiner Begierden. Und auf die Entlastung eines Gesprächs mit Jesus, das in etwa verlaufen wird wie das Gespräch zwischen König Kaspian und Aslan am Ende von Lewis' Buch *Der silberne Sessel:*

> «Herr», sagte Kaspian, «ich habe mir schon immer gewünscht, einmal einen Blick auf *ihre* Welt zu werfen. Ist das falsch?»
>
> «Jetzt, wo du gestorben bist, mein Sohn, kannst du dir keine falschen Dinge mehr wünschen», sagte Aslan.[57]

Nicht in der Lage zu sein, sich irgendetwas Falsches auch nur zu *wünschen!* ... Stell dir das mal nur für einen Moment vor. Wenn ich das tue, kommen mir jedes Mal die Tränen. Wie wunderbar und erfreulich das Leben in Gottes vollkommener neuer Welt sein wird nach einem Leben des schmerzhaften Leidens in dieser alten Welt, die ihren Schöpfergott so sehr ablehnt! Komm, Herr Jesus! Komm bald und erweise «alles Traurige als falsch».[58]

Anwendungsfrage

Wie können wir uns gegenseitig helfen, die guten Folgen des Leidens in unserem Leben wertzuschätzen?

Kapitel 12
Fazit: Eine Plausibilitätsstruktur wird erkennbar

Peter und Jane

Es ist Zeit, zu Peter und Jane zurückzukehren. Erinnerst du dich noch an sie? Peter ist ein junger Mann, der sich ausschließlich von seinem eigenen Geschlecht angezogen fühlt. Er ist ein begeisterter Christ, ist aber auch scharf darauf, Sex zu haben. Jane ist eine geschiedene Frau im mittleren Alter, die vor kurzem eine sexuelle Beziehung zu einer anderen Frau eingegangen ist. Sie ist eine enthusiastische neue Christin, ist aber auch begeistert von ihrer neuen Beziehung und dem Familienleben, das diese Beziehung mit sich gebracht hat.

Wie kann es plausibel sein, Peter zu bitten, für immer Nein zum Sex zu sagen, und Jane zu bitten, eine Beziehung aufzugeben, die ihr so viel Freude bereitet? Sollen wir einfach weiterhin darauf bestehen, dass die Bibel lehrt, dass Sex ausschließlich in die Ehe zwischen Mann und Frau gehört und dass Peter und Jane daher zölibatär lebende Singles bleiben sollen? In diesem Buch ging es vor allem darum, diese Art von christlichem Leben für sie und andere wie sie (und auch für uns alle) plausibel zu machen. Ist uns das gelungen?

An der Universität wird Peter ermutigt werden, sich selbst als schwuler Mann zu definieren. Ich hoffe, dass er stattdessen zulassen wird, sich von Gott zuerst und vornehmlich als wertvoller, mit Jesus verbundener Sohn Gottes definieren zu lassen. Ich hoffe, dass Peter zunehmend erkennen wird, dass seine Identität in Christus besteht und in dem, was Christus für ihn getan hat – und nicht in dem, was seine Hormone mit ihm machen, wenn ein gutaussehender Mann an ihm vorbeiläuft.

Während Jane darum ringt, ihre Beziehung zu beenden, da diese ihr doch ein Familienleben geschenkt hat, vertraue ich darauf, dass sie erkennen wird, dass sie nicht für immer einer Familie Lebewohl sagt. Dass sie erkennt: Wie viele Fehler die Gemeinde Jesu auch hat, hier ist Jane für immer Teil einer Familie. Die Gemeinde ist ihre von Gott geschenkte, ewige Familie, die wirklich da ist, um ihr Leben mit ihr zu teilen und mit ihr den Weg bis zum Ende ihres Lebens zu gehen – und darüber hinaus.

Ich hoffe, mein Buch hat Peter die Zuversicht vermittelt, dass er sagen kann: Die Tatsache, dass sich seine gleichgeschlechtliche Orientierung ganz natürlich anfühlt, macht diese Orientierung noch nicht zu einer ethisch richtigen Sache. Ich hoffe, dass er andere darauf hinweisen kann, dass niemand diese Logik anwenden würde, wenn es um angeborene Selbstsucht oder Stolz geht. Und dass sein Denken und seine Handlungen hinsichtlich seiner Sexualität von der Lehre der Bibel über die Erbsünde geprägt sein muss.

Wenn man Jane den Rat gibt, zu tun, «was auch immer dich glücklich macht», dann vertraue ich darauf, dass sie nach der Lektüre meines Buches zu Recht bei allem Verdacht schöpft, das eine menschliche Definition von «Glück» in Gegensatz zu dem stellt, was ihr liebender Vater im Himmel ihr schenkt und was ihr langfristiges Glück garantiert. Ich hoffe, dass sie dieses langfristige Glück sucht, das laut Gottes Wort denen zukommt, die dem vertrauen, was Gott gesagt hat.

Wenn Peter über sein Leben ohne Sex nachdenkt, dann hoffe ich, dass er jetzt erkennt, dass ihm kein einsames Leben ohne jede bedeutsame Intimität bevorsteht. Sondern dass er stattdessen potenziell *mehr* Intimität genießen wird als viele seiner Freunde, die bald heiraten werden, weil er mehr Zeit und Energie in angemessen intime und vertraute Beziehungen zu Menschen beiden Geschlechts investieren kann als sie.

Wenn Jane zu verstehen versucht, warum Gott so beunruhigt darüber ist, dass sie mit der Frau schläft, die sie liebt, dann vertraue ich darauf, dass es ihr eine Hilfe sein wird, den Sex in der Ehe zwischen Mann und Frau als göttlichen Vorspann für die Einheit in Verschiedenheit anzusehen, die Christus und seine Gemeinde letztlich kennzeichnen wird. Ich hoffe, dass sie erkennen wird, dass Mann und Frau so wenig austauschbar sind wie Christus und seine Gemeinde – und dass es falsch wäre, dieses ewige Bild der Liebe Jesu für die Gemeinde weiterhin zu entweihen.

Wenn die verzweifelten Gebete von Peter für die Veränderung seiner Sexualität unbeantwortet bleiben und die Tatsache, dass er sich zu anderen Männern hingezogen fühlt, vielleicht auch nach seelsorgerlichen Bemühungen unvermindert vorhanden ist, dann hoffe ich, dass er an der anderen Tatsache festhält, dass Gottgefälligkeit nicht gleichbedeutend damit ist, dass er aufhört, auf Männer zu stehen, sondern darin, dem Mann Jesus

Christus ähnlicher zu werden. Ich hoffe, dass er erkennt, dass seinem liebenden Vater viel mehr an Letzterem als an Ersterem liegt.

Wenn Jane das Geschenk des Zölibats auspackt und sich wünscht, sie hätte den Kassenbon und könnte das Geschenk zurückgeben, dann vertraue ich, dass es ihr gelingt, den Zölibat tatsächlich als ein Geschenk anzusehen, das sie gerne behalten möchte. Ich hoffe, dass sie erkennt, dass der Zölibat erfreulicher und nützlicher ist, als sie dachte. Und dass sie erkennt, dass das Leben als Single gut genug für Jesus war und daher auch für sie gut genug sein kann. Wie im Leben Jesu sollten durch ihren unbeirrbaren Dienst als Single viele gute Dinge in das Leben anderer Menschen kommen.

Wenn sich Peter und Jane auf ein Leben des Leidens verpflichten, dann hoffe ich, dass sie darin Ermutigung finden, dass so ein sich selbst aufopfernder Dienst das Kennzeichen des christlichen Lebens ist. Dass diese Art von Leben das Kennzeichen aller großartigen Christen der Vergangenheit war und dass dieses Leben sie auch heute (in Gottes Augen) zu Größen macht. Gott wird ihr Leiden in der Tat zusammen mit allem anderen in ihrem Leben gebrauchen, um sie (und andere) ihm ähnlicher zu machen.

Eine Plausibilitätsstruktur

Ich weiß nicht, was du davon hältst, aber ich denke, dass hier eine Plausibilitätsstruktur zu finden ist. Nur schon das Eintippen all dieser Dinge hat mich ermutigt, als Christ mit gleichgeschlechtlicher Orientierung mein Zölibat fortzusetzen. Es scheint ein Leben zu sein, das es wert ist, gelebt zu werden – und zwar hauptsächlich, weil es ein Leben ist, das Jesus selbst auch gelebt und dadurch lebbar gemacht hat.

Peter und Jane – und ich! – brauchen allerdings deine Hilfe. Wir Christen mit gleichgeschlechtlicher Orientierung können diese Plausibilitätsstruktur nicht selbst aufbauen. Du musst uns dabei helfen. Und du musst erkennen, wie oft die Gemeinde Jesu (unabsichtlich) mitgeholfen hat, genau die Dinge zu zerstören, die wir gebraucht hätten und brauchen werden, um uns zu helfen, so zu leben, wie es Gott gefällt.

Wenn wir also Gottes Wort nicht gehorchen, dann ist es zum Teil zwar unsere Schuld, aber du hast eine Mitschuld. Wir werden einen Teil der Verantwortung für die Schuld abgeben – bis du der Gemeinde hilfst, sich auf die verschiedenen Weisen zu verändern, die dieses Buch vorgeschlagen hat. Du und deine Gemeinde müssen anfangen, im Lichte einer ganzen Reihe von entscheidenden Lehren und Wahrheiten zu sprechen und zu handeln; Lehren, die wir alle in den letzten Jahren weiterzugeben versäumt haben.

Jede dieser Lehren und Wahrheiten stand im Zentrum eines der Kapitel dieses Buches: die Vorrangstellung unserer Einheit mit Christus, wenn es um die Bildung unserer Identität geht; die Wirklichkeit, dass die Gemeinde Jesu unsere ewige Familie ist; die Lehre von der Erbsünde; die vollständige Autorität und das Gutsein des Wortes Gottes; die Tatsache, dass Freundschaft und nicht nur Sex uns all die menschliche Intimität schenkt, die wir brauchen; die Tatsache, dass es in der Ehe letztlich um die Einheit von Christus und seiner Gemeinde geht; die Tatsache, dass Gottgefälligkeit von Christusähnlichkeit her definiert wird, nicht daher, von wem du dich angezogen fühlst; die Tatsache, dass das Leben als Single wahrhaftig eine Gabe ist; und die Wirklichkeit, dass die Nachfolge Jesu bedeutet, dass du dein Kreuz auf dich nimmst und leidest wie er.

Um es anders auszudrücken: Wir Christen sind aufgerufen, wieder Christen zu sein. All die Dinge zu glauben und zu tun, die unsere Vorfahren immer geglaubt und getan haben, wenn wir in der Vergangenheit den größten Einfluss auf unsere Welt ausgeübt haben. Lies John Bunyan, William Wilberforce, Hannah Moore oder Amy Carmichael, und du wirst erkennen, dass sie all dies verstanden. Hör vielen heutigen Christen zu, und du wirst erkennen müssen, dass wir diese Dinge verloren haben.

Wir müssen auf den Pastor und Gelehrten Henri Nouwen hören:

> Viele Kirchen sind mit Worten geschmückt, welche die Errettung und das neue Leben verkündigen. Doch sie sind oft nur wenig mehr als Salons für diejenigen, die sich im alten Leben ganz wohlfühlen. Sie werden höchstwahrscheinlich nicht zulassen, dass die Worte des Pastors ihre steinernen Herzen in glühende Öfen verwandeln, in denen Schwerter zu Pflugscharen und Speere zu Sicheln umgeschmiedet werden können.[59]

Traurig, aber wahr: Er hätte damit auch viele heutige christliche Gemeinden beschreiben können; Gemeinden, die sich mit der Wohlanständigkeit der Mittelschicht zufriedengeben, anstatt das radikale Leben für Jesus zu verfolgen.

Das bedeutet: Statt dass wir uns zur Frage der Homosexualität ziemlich bedeckt halten und hoffen, dass wir um den ganzen Streit herumkommen, den das Thema mit sich bringt, sollten wir beginnen, sowohl die betreffenden Menschen als auch den Streit um die Sache als Gabe an die Gemeinde zu verstehen. Eine göttliche Gabe, denn das alles ist genau das, was wir in diesem Moment in unserer Geschichte brauchen – und zwar als Sehhilfe, damit wir die ganze Reihe von tragischen Fehlannahmen erkennen, denen wir aufgesessen sind. Das alles war zu unserem Schaden und zum Schaden der Welt, die wir zu erreichen versuchen.

Im Laufe der ganzen Kirchengeschichte entsprang wundervolle theologische Klarheit oft polarisierenden theologischen Kontroversen. Ein paar Namen und Konflikte erinnern uns daran: Athanasius und die Konzile der frühen Kirche; Martin Luther und die Reformation; Martin Luther King und der Kampf um die Bürgerrechte. Die heutigen Kontroversen um die Sexualität sollten uns daher positiv anregen und nicht erschrecken. Unser souveräner Gott hat in Zeiten voller tiefgreifender Meinungsverschiedenheiten oft eine Rückkehr zu einer radikalen biblischen Klarheit in der Theologie und Praxis der Gemeinde Jesu angestoßen.

Die Debatte um die Sexualität ist besonders auf- und anregend, weil sie so viele Bereiche der Theologie und Praxis berührt, in denen wir unsere biblischen Wurzeln verloren haben. Viele von uns haben von einem Königsweg geträumt, auf dem sich viele der Missstände in der Kirche lösen lassen würden. Ich glaube, mit diesem ganzen Thema haben wir einen solchen Königsweg gefunden. Zukünftige Generationen könnten auf uns ebenso dankbar zurückblicken, wie wir auf die Zeiten von Athanasius, Martin Luther und Martin Luther King zurückblicken.

Daher ist dieses Plausibilitätsproblem von so großer Bedeutung. Darum müssen wir alle intensiv beten und hart daran arbeiten, es zu lösen. Es ist meine Hoffnung und mein Gebet, dass dieses Buch einen kleinen Anfang gemacht hat. Doch wir werden den Weg nur mit deiner Hilfe zu Ende gehen können. Was wirst du also *jetzt* dafür tun?

Empfohlene Literatur

BONNINGTON, M.; B. FYALL: *Homosexuality and the Bible*. Grove Books, 1998.

GAGNON. R.A.J.: *The Bible and Homosexuality*. Abingdon Press, 2001.

GODDARD. A.; D. HORROCKS (Hrsg.): *Homosexualität*. Brunnen: Gießen 2016.

HAYS, R.B.: *The Moral Vision of the New Testament. Community, Cross, New Creation*. HarperOne, 1996 (besonders Kap. 16!).

HEMPELMANN, H.: *Liebt Gott Schwule und Lesben?* SCM Brockhaus, 2001.

PILGERMISSION ST. CHRISCHONA (Hrsg.): *Homosexualität und christliche Gemeinde. Eine seelsorgerische Orientierung*. Chrischona-Papier, 1998.

Stellungnahme der Schweizerischen Evangelischen Allianz: http://www.allianz-biel.ch/sites/default/files/Homosexualitaet%2093_Arbeitspapier.pdf; Stand: 27.8.2018.

Anmerkungen

[1] Richard B. Hays: The Moral Vision of the New Testament: Community, Cross, New Creation. A Contemporary Introduction to New Testament Ethics (HarperCollins, 1996).

[2] Siehe Michael J. Gorman: Cruciformity. Paul's Narrative Spirituality of the Cross (Eerdmans: Grand Rapids 2001); und ders.: Inhabiting the Cruciform God. Kenosis, Justification, and Theodosis in Paul's Narrative Soteriology (Eerdmans: Grand Rapids 2009).

[3] Aus der Bekenntnisgrundlage der UCCF, einer christlichen Studentenvereinigung. Siehe www.uccf.org.uk/about/doctrinal-basis.htm (Stand: 22.4. 2017).

[4] http://sexualauthenticity.blogspot.co.uk/2013/04/sad-bad-sex.html; Zugriff am 22.4.2017; mittlerweile nicht mehr erreichbar.

[5] Evelyn Waughs wundervoller Roman, der die homoerotische Freundschaft zweier Studenten aus Oxford nachzeichnet. Einer von ihnen hat später eine Affäre mit der Schwester des anderen.

[6] Wesley Hill: Washed and Waiting. Reflections on Christian Faithfulness and Homosexuality (Zondervan, 2010), Seite 61.

[7] Russell D. Moore: Tempted and Tried. Temptation and the Triumph of Christ (Crossway, 2011), Seite 89; online unter https://www.russellmoore.com/2008/04/30/southern-baptist-sexual-revolutionaries/; Stand: 2.8.2018.

[8] Martin Luther: Weimarer Ausgabe 34, I. Band, «Predigten 1531», 276, 7f. «Non est tam magna peccatrix ut Christiana ecclesia.» Predigt über Mt. 28 am 9. April 1531.

[9] Siehe Ritch C. Savin-Williams: The New Gay Teenager (Harvard University Press, 2006), Seite 8–9, als Beispiel für einen säkularen Gebrauch des Begriffs «gleichgeschlechtliche Anziehung».

[10] Kevin DeYoung: The Hole in Our Holiness. Filling the Gap between Gospel Passion and the Pursuit of Godliness (Crossway, 2012), Seite 100.

[11] Vgl. http://timothyquigley.net/vcs/foucault-homosexual.pdf; Stand 13.08.2018.

[12] Beispiele für diese etwas andere Herangehensweise finden sich auf der hervorragenden Internetseite www.spiritualfriendship.org; Stand 13.08.2018.

[13] Russell D. Moore: a. a.O., Seite 72.

[14] Mark A. Yarhouse: Homosexuality and the Christian. A Guide for Parents, Pastors, and Friends (Bethany House, 2010), Seite 54.

[15] Anm. d. Übersetzers: Ein englisches Bilderbuch für Kinder.

[16] Alex Davidson: The Return of Love. A Christian View of Homosexuality (IVP USA, 1970), Seite 16.

[17] John Piper: This Momentary Marriage. A Parable of Permanence (Crossway, 2009), Seite 111.

[18] Julie Bindel: Straight Expectations. What Does It Mean to Be Gay Today? (Guardian, 2014), Seite 16.

[19] Alan Jacobs: Original Sin. A Cultural History (SPCK, 2008), xiv.

[20] Ebd.

[21] Ebd.

[22] Richard B. Hays: The Moral Vision of the New Testament. Community, Cross, New Creation. A Contemporary Introduction to New Testament Ethics (HarperOne, 1996), Seite 390.

[23] Timothy Keller: Warum Gott? Vernünftiger Glaube oder Irrlicht der Menschheit? (Brunnen: Gießen, 2016), Seite 144.

[24] Timothy und Kathy Keller: Ehe. Gottes Idee für das größte Versprechen des Lebens (Brunnen: Gießen 20153), Seite 23.

[25] C. S. Lewis: Über den Schmerz (Brunnen: Gießen 20097), Seite 50–51.

[26] Kate Wharton: Single-Minded. Being single, whole and living life to the full (Monarch, 2013), Seite 173.

[27] Andrew Sullivan: Love Undetectable. Notes on Friendship, Sex, and Survival (Vintage, 1999), Seite 199.

[28] Ebd., Seite 234.

[29] William M. Struthers: Wired for Intimacy. How pornography hijacks the male brain (IVP USA, 2009), Seite 185.

[30] Paul David Tripp: Broken-Down House. Living Productively in a World Gone Bad (Shepherd, 2009), Seite 152.

[31] Anne Lamott: Plan B. Further Thoughts on Faith (Riverhead, 2005), Seite 174.

[32] Vaughan Roberts: True Friendship. Walking Shoulder to Shoulder (10Publishing, 2013), 96 Seiten.

[33] Dorothy L. Sayers: «The Human-Not-Quite-Human», in: Are Women Human? Penetrating, Sensible, and Witty Essays on the Role of Women in Society (Eerdmans: Grand Rapids 2005), Seite 53.

[34] Ebd., Seite 68.

[35] Christopher West: Fill These Hearts. God, Sex, and the Universal Longing (Image, 2012), Seite 11.

[36] www.firstthings.com/blogs/firstthoughts/2014/06/n-t-wrights-argument-against-same-sex-marriage (Stand: 11.05.2017). Anm. d. Übers.: Siehe auch Wrights Artikel «Wozu ist die Ehe da? Auf den Spuren von Gottes Plan von Genesis bis Offenbarung» unter https://www.ntwright.info/artikel.

[37] C. S. Lewis: «Pastorinnen in der Kirche», in: ders., Gott auf der Anklagebank, 2. Taschenbuchaufl. (Fontis: Basel, 1995), Seite 104.

[38] Christopher C. Roberts: Creation and Covenant. The Significance of Sexual Difference in the Moral Theology of Marriage (T&T Clark, 2007), Seite 237.

[39] Melinda Selmys: Sexual Authenticity. An Intimate Reflection on Homosexuality and Catholicism (Our Sunday Visitor, 2009), Seite 117.

[40] John Piper: «Sex and the Supremacy of Christ. Part One», in: John Pi-

per und Justin Taylor (Hrsg.): Sex and the Supremacy of Christ (Crossway, 2005), Seite 26.

[41] LGBT steht für Lesbian, Gay, Bisexual und Transgender. Wobei gay auch für/von Frauen verwendet wird.

[42] Jenell Williams Paris: The End of Sexual Identity. Why Sex Is Too Important to Define Who We Are (IVP USA, 2001), Seite 87.

[43] Timothy Keller: Es ist nicht alles Gott, was glänzt. Was im Leben wirklich trägt (Gerth: Aßlar 2011).

[44] Siehe Andrew Goddard und Glynn Harrison: Unwanted Same-Sex Attraction. Issues of Pastoral and Counselling Support (Christian Medical Fellowship, 2011), 32 Seiten.

[45] Mark A. Yarhouse: Homosexuality and the Christian. A Guide for Parents, Pastors, and Friends (Bethany House, 2010), Seite 186.

[46] Dietrich Bonhoeffer: Gemeinsames Leben, DBW 5 (Chr. Kaiser, 1987), Seite 94.

[47] Christopher Ash: Married for God. Making your marriage the best it can be (IVP, 2007), Seite 41.

[48] Ein Leser dieses Buches meinte, Mary Poppins sei das einzige Beispiel: Sie und Bert waren «nur gute Freunde».

[49] Siehe Al(bert Y.) Hsu: The Single Issue (IVP USA, 1997). Hier wird eine großartige Erklärung der Tatsache geliefert, dass alle Menschen, die nicht verheiratet sind, die Gabe des Lebens als Single haben, von der Paulus hier spricht.

[50] Stanley Hauerwas: «Sex in Public. How Adventurous Christians Are Doing It», in: Luke Bretherton und Russell Rook (Hrsg.): Living Out Loud. Conversations about Virtue, Ethics and Evangelicalism (Paternoster, 2010), Seite 182.

[51] Christopher West: Fill These Hearts. God, Sex, and the Universal Longing (Image, 2012), Seite 172.

[52] Geschrieben von John Newton (1725–1807) im Jahre 1779. Deutsche Übersetzung: http://mehrerekanonen.blogspot.com/2012/04/ich-bat-den-herrn-dass-ich-wachsen-moge.html; Stand 24.8.2018; wurde leicht

korrigiert und ergänzt. Newton bekanntestes Werk ist wohl «Amazing Grace».

[53] Thomas Brooks: Precious remedies against Satan's devices (Banner of Truth, 1984), Seite 115.

[54] John Flavel: Keeping the Heart (Christian Heritage, 1999), Seite 40.

[55] William Still: «A Pastoral Perspective on Our Fallen Sexuality», in: David Searle (Hrsg.): Truth and Love. In a Sexually Disordered World (Christian Focus, 2006), Seite 63.

[56] C. S. Lewis: *Die große Scheidung* (Johannes, 1992), Seite 8. Anm. d. Übers.: Im englischen Original heißt es nach der Klammer: «Has not been lost», was in der deutschen Übersetzung lauten müsste: «nicht verloren ist» statt «genau genommen nichts war», was dann auch dem Sinn des nachfolgenden Texts entspricht.

[57] C. S. Lewis: *Der silberne Sessel* (Brendow: Moers 1994), Seite 198.

[58] J. R. R. Tolkien: *Der Herr der Ringe. Band III: Die Rückkehr des Königs* (Klett-Cotta, 199926), Seite 258.

[59] Henri J.M. Nouwen: *The Wounded Healer. Ministry in Contemporary Society* (Darton, Longman & Todd, 1994), Seite 86.